Draper • Besser Springreiten

Judith Draper

# BESSER SPRINGREITEN

Aus der Reihe »Reiter- und Fahrerbibliothek«

Müller Rüschlikon

**Impressum**


Titel des englischen Originals: Practical Showjumping

**ISBN 3-275-01202-9**


Titelbild: Nick Skelton (GB) auf E. Sublime, Foto: Elisabeth Weiland, CH-8702 Zollikon
Übersetzung: Bettina Borst
Lektorat: Carola Nowak
Satz: Vaihinger Satz + Druck, D-71665 Vaihingen a. d. Enz
Druck: Marcel Kürzi, CH-8840 Einsiedeln
Bindung: Schumacher/Sauerer AG, CH-3185 Schmitten
Printed in Switzerland

# Inhalt

# Einleitung

Das Springreiten gehört zu den populärsten Pferdesportdisziplinen der Welt. Heutzutage findet man auf internationalen Turnieren die führenden Reiter aus mehreren Dutzend Ländern, und an nationalen oder regionalen Turnieren nehmen noch viel mehr Pferdeliebhaber teil, die weniger Ehrgeiz, aber große Freude an dieser Sportart haben.

Es ist leicht zu verstehen, warum dieser Sport so populär ist. Für viele Menschen, die mit den Grundlagen der Reiterei vertraut sind, ist das Springen über Hindernisse, und seien sie noch so niedrig, eine ungeheuer packende und begeisternde Angelegenheit. Das Springreiten ist auch für die Zuschauer attraktiv, weil die Wettbewerbe meist auf einem relativ kleinen und überschaubaren Platz stattfinden und die Regeln leicht zu verstehen sind. Einer der größten Vorzüge des Springreitens – wie auch der anderen reitsportlichen Disziplinen – liegt vielleicht darin, daß hier Männer und Frauen beziehungsweise Jungen und Mädchen im Gegensatz zu den meisten Sportarten ohne Pferd mit gleichen Chancen gegeneinander antreten können.

Es mag erstaunen, daß das Springen mit dem Pferd eine relativ neue Freizeitbeschäftigung ist. Obwohl die Menschen seit Tausenden von Jahren auf Pferden reiten, scheint das Springen erst während der letzten paar Jahrhunderte üblich geworden zu sein. Das als Sport betriebene Springreiten hat seine Wurzeln darin, daß man beim Querfeldeinreiten immer mehr von Menschenhand geschaffene Hindernisse wie Hecken und Zäune überwinden mußte. Je populärer das Jagd- und Rennreiten wurde, desto stärker entwickelte sich auch das Springreiten allmählich zum Sport. Das Springen über Hindernisse in einer Reitbahn kam allerdings erst gegen Ende des 19. Jahrhunderts auf. Zunächst entsprachen die Parcourshindernisse noch denen, die man beim Jagdreiten im Gelände antreffen konnte. Als international ausgeübter Sport war das Springreiten bis zum Zweiten Weltkrieg hauptsächlich Kavallerieoffizieren vorbehalten.

Relativ früh wurden zu den Turnieren auch Frauen zugelassen, aber sie durften meist nur an reinen Frauenwettbewerben teilnehmen. Erst einige Jahre nach Ende des Zweiten Weltkriegs durften Frauen auch in den offiziellen Mannschaften reiten. Zu diesem Zeitpunkt waren die Armeen der meisten Länder weitgehend mechanisiert, so daß man den Sport auch für Zivilreiter zugänglich machen mußte, wenn er überhaupt überleben sollte.

Heute kann praktisch jeder Reiter an Springturnieren teilnehmen. Es dürfte auch kein Problem sein, ein passendes Turnier zu finden, sei es für einen Anfänger oder für einen erfahrenen Reiter, sei es für ein Pony mit einem Stockmaß von 125 Zentimetern oder für einen 175 Zentimeter großen Vollblüter. In Deutschland finden die Turniere nach den Richtlinien der Deutschen Reiterlichen Vereinigung, der FN (Fédération Equestre Nationale), statt. Es gibt verschiedene Turnierklassen vom Einsteiger-Niveau bis zur nationalen Meisterschaft. Gleichzeitig werden drei Turnierkategorien unterschieden, was den Einstieg in das Turnierreiten erleichtern soll. In der Kategorie C können Reiter ohne nachgewiesene reiterliche Qualifikation starten, während die Kategorien B und A Reitern mit nachgewiesener Leistungsklasse vorbehalten sind. Bei allen Wettbewerben gibt es eine Einteilung der Reiter in Junioren (bis 16 Jahre), Junge Reiter (bis 21 Jahre) und Senioren. In allen Altersklassen kann man mit Ponys oder Pferden starten. Manche Prüfungen sind allerdings ausdrücklich nur für Ponys (bis 148 Zentimeter Stockmaß) oder nur für Pferde vorgesehen.

In der Kategorie C sind alle Reiter, Pferde und Ponys startberechtigt. In dieser Kategorie werden nur Prüfungen der Klasse E (Einsteiger) angeboten. Um in Turnieren der Kategorie B starten zu dürfen, muß sich der Reiter der Prüfung zum Kleinen Reiterabzeichen (Klasse IV) unterziehen. Er wird dann in Leistungsklasse 6 eingestuft und darf zunächst in Prüfungen der Klasse A (Anfänger) starten. Um auch an Wettbewerben der Klasse L (Leicht) teilnehmen zu dürfen, muß man das Bronzene Reiterabzeichen (Klasse III) erwerben und steigt dadurch in die Leistungsklasse 5 auf. Damit ist sichergestellt, daß an bestimmten Prüfungen nur Reiter teilnehmen, die den Anforderungen auch gewachsen sind. Für junge Pferde oder solche, die noch keine Erfolge vorzuweisen haben, werden Springpferdeprüfungen angeboten, in denen nur die Springmanier des Pferdes beurteilt wird. Daneben gibt es Stilspringprüfungen, in denen vor allem der Stil des Reiters bewertet wird. Sie sind für Reiter gedacht, die mit dem Springsport erst anfangen.

In Österreich und in der Schweiz sind die Bestimmungen ähnlich wie in Deutschland. Auch hier sind die reiterlichen Dachorganisationen für die Regeln und Bestimmungen des Turnierreitens zuständig. In Österreich ist dies der Bundesfachverband für Reiten und Fahren, in der Schweiz der Schweizer Verband für Pferdesport.

# 1

# Welches Pferd kommt in Frage?

Bevor man sich daranmacht, das Springreiten zu erlernen, muß man sich eine wichtige Tatsache vor Augen halten: Das Springen ist für Pferde und Ponys kein natürlicher Vorgang. Wenn man den Körper des Pferdes mit den langen Beinen, der großen Lunge und dem großen Herzen betrachtet, sieht man schnell ein, daß dieses Tier zum Galoppieren geschaffen ist: Es muß in der Wildnis schnell genug laufen können, um Raubtieren zu entkommen. Wenn es die Wahl hat, wird ein Pferd oder Pony ein Hindernis auf seinem Weg fast immer umlaufen, statt es zu überspringen. Trotzdem ist es nicht allzu schwierig, Pferden das Springen beizubringen, und die meisten scheinen auch Spaß daran zu haben, wenn man ihnen erst einmal gezeigt hat, was sie machen sollen. Die Ausbildung eines Springpferdes gehört allerdings unbedingt in die Hände eines erfahrenen Ausbilders und nicht in die eines Reitanfängers.

Wie erfolgreich ein Pferd im Springsport wird, hängt von einer Vielzahl von Faktoren ab. Die meisten Pferde können bis zu Hindernishöhen von ungefähr 125 Zentimetern recht erfolgreich ausgebildet werden, zeigen dann aber manchmal keinerlei Fortschritte mehr. Dies kann daran

*Die Sprungphasen des Pferdes*

*Anreiten* *Absprung* *Schwebephase*

liegen, daß sie körperlich nicht dazu in der Lage sind. Manche Pferde finden es aber auch langweilig, durch einen Parcours nach dem anderen zu springen. Andere passen beim Springen einfach nicht genug auf. Interessanterweise entwickeln sich viele Pferde, die bei reinen Springprüfungen an ihre Grenze gestoßen sind, zu erfolgreichen Vielseitigkeitspferden, weil hier die festen Hindernisse nie höher als 120 Zentimeter sind.

## SO SPRINGT EIN PFERD

Für einen Reitanfänger ist es wichtig, daß er das Reiten in den drei Grundgangarten Schritt, Trab und Galopp auf einem Pferd lernt, das korrekt ausgebildet wurde. Möchte ein Reiter das Springreiten lernen, so ist es ebenso entscheidend, daß er dazu ein geeignetes Pferd zur Verfügung hat: Es sollte eine gute Grundschulung für die wichtigsten Springfertigkeiten erhalten haben und wissen was von ihm erwartet wird. Wenn der Reiter außerdem begriffen hat, wie ein Pferd springt, so wird er auch verstehen, warum er im leichten Sitz reiten und über einem Hindernis im Springsitz den Bewegungen des Pferdes folgen soll.

Beim Anreiten an ein Hindernis bereitet sich das Pferd auf den Absprung vor, indem es sich versammelt und den letzten Galoppsprung etwas verkürzt. Die Vorhand des Pferdes, die aus Kopf, Hals, Widerrist, Schultern und Vorderbeinen besteht, ist der schwerste Teil des Pferdekörpers. Daher muß das Pferd sein Gewicht auf die Hinterbeine verlagern, um die Vorhand vom Boden abdrücken zu können.

Unmittelbar vor dem Absprung streckt das Pferd den Hals etwas und senkt den Kopf leicht. Dadurch kann es die Größe des Hindernisses besser abschätzen und seinen Absprung taxieren. Wenn es dann abspringt, hebt es Kopf und Hals und drückt sich nach vorwärts und aufwärts vom Boden ab. Ein gutes Springpferd zieht außerdem schnell die Vorderbeine an, um keinen Vorhandfehler zu machen, also das Hindernis nicht mit den Vorderhufen zu berühren. Wenn das Pferd den höchsten Punkt des Sprunges erreicht hat, senkt es allmählich Kopf und Hals. Es winkelt die Hinterhand stärker ab, so daß sie sich auf gleicher Höhe mit der Vorhand befindet. Wenn das Pferd eine gute Springmanier hat, hebt es die Hinterbeine im Kniegelenk und streckt sie. Dadurch vermeidet es einen Hinter-

*Landung* *Weitergaloppieren*

handfehler, also das Berühren des Hindernisses mit den Hinterbeinen.

Die Vorderbeine kommen zuerst auf dem Boden auf. Anschließend fußen die Hinterbeine auf, und das Pferd versammelt sich sofort für den ersten Galoppsprung in Richtung des nächsten Hindernisses.

Je runder das Pferd seinen Rücken macht, desto weniger anstrengend ist das Springen. Von einem Pferd, das Hindernisse mit rundem Rücken und fließender Bewegung überwindet, sagt man, es springe »mit Bascule«. Ein Pferd, das beim Springen den Kopf hochwirft und den Rücken durchdrückt, muß höher springen, um das gleiche Hindernis zu überwinden. Solche Pferde verschwenden ihre Energie und machen häufiger Fehler.

Die Aufgabe des Reiters ist es, das Pferd nach dem Absprung so wenig wie möglich zu stören. Dazu sitzt er ganz ruhig und bleibt in allen Sprungphasen im Gleichgewicht mit dem Pferd – also beim Absprung, in der Schwebephase und bei der Landung.

## SO LERNT EIN PFERD DAS SPRINGEN

Man bringt einem Pferd das Springen unter dem Reiter bei, indem man es erst im Schritt und dann im Trab über eine Stange am Boden gehen läßt. Wenn es ohne Unsicherheit von beiden Seiten über diese Stange geht, legt der Ausbilder parallel zur ersten Stange eine weitere auf den Boden. Der Abstand zwischen den beiden Stangen wird sorgfältig der Trittlänge des jeweiligen Pferdes angepaßt. In diesem Stadium macht man dem Pferd alles so leicht wie möglich, so daß es nicht über die Stangen stolpern, Angst bekommen oder sich verletzen kann. Allmählich werden weitere Stangen, eine nach der anderen, dazugelegt, bis das Pferd zufrieden über eine Reihe von sechs Stangen trabt.

*Die erste Lektion beim Springenlernen: im Schritt über eine Stange am Boden*

*Der erste Sprung: Ein Kreuzsprung ermuntert das Pony, gerade und in der Mitte über das Hindernis zu springen. Die Bodenstange hilft ihm, den richtigen Punkt für den Absprung zu finden.*

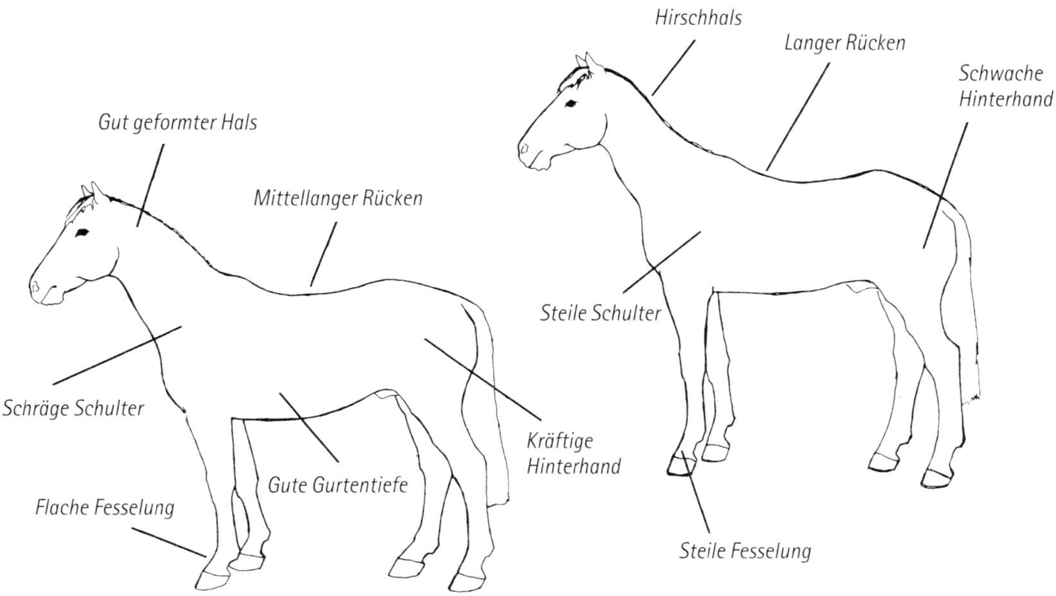


*Links: Der Körperbau dieses Pferdes erfüllt alle Anforderungen an ein Springpferd.*
*Rechts: Ein Pferd mit einem solchen Gebäude ist nicht zum Springen geeignet.*

Diese Bodenstangen sind die Grundlage jeder Springausbildung. Sie machen das Pferd gelenkiger und verbessern sein Gleichgewicht.
Um über die Stangen zu traben, muß das Pferd nämlich Hals und Kopf senken und den Rücken rund machen. Es wird ermuntert, die Beine höher zu heben als bei der Arbeit auf ebenem Boden, und es lernt, die Bewegungen seiner Beine besser aufeinander abzustimmen.
Die meisten Trainer setzen schon recht früh in der Ausbildung eines Pferdes Bodenstangen ein. Die Arbeit über Stangen stellt eine Abwechslung zur übrigen Dressurarbeit dar und macht das Pferd interessiert und aufmerksam. Man kann es über die Stangen reiten oder longieren. Im letzteren Fall werden die Stangen auf die Kreislinie gelegt.
Ein junges Pferd ohne Reiter an der Longe zu arbeiten, ist sehr empfehlenswert, weil dabei Rücken und Beine weniger belastet werden.
Der erste wirkliche Sprung eines Pferdes sollte über einen sehr niedrigen Kreuzsprung führen, der nicht höher als ungefähr 40 Zentimeter sein darf. Man stellt ihn im Anschluß an die Reihe von Bodenstangen auf, wobei das Hindernis ungefähr einen Abstand von 200 bis 220 Zentimetern zur letzten Stange haben sollte. Dadurch kann das Pferd über die letzte Stange treten und das kleine Hindernis überspringen, ohne dazwischen noch einen Schritt machen zu müssen. Auch hier muß der Abstand dem jeweiligen Pferd angepaßt werden.
Man wählt einen Kreuzsprung und keinen normalen Steilsprung, um das Pferd auf die Mitte des Hindernisses auszurichten. Wenn man es von Anfang an daran gewöhnt, gerade und in der Mitte über die Hindernisse zu springen, kann es leichter eine gute Springmanier entwickeln.

## SO LERNT DER REITER DAS SPRINGEN

Bodenstangen dienen nicht nur als Grundlage der Springausbildung für das Pferd. Sie werden ebenso eingesetzt, um den Reiter in die Kunst des Springreitens einzuführen.
In der ersten Springstunde lernt der Reiter, ein korrekt ausgebildetes Pferd über Stangen am Boden zu traben. Die Arbeit über Bodenstangen verbessert beim Reiter das Gleichgewicht, die Koordinationsfähigkeit und den sicheren Sitz im Sattel, und all das dient der Vorbereitung auf das eigentliche Springen.
Ein Kreuzsprung ist auch für den Reiter der ideale Anfang. Wenn man dem Pferd den Sprung so einfach wie möglich macht, kann sich der Reiter nämlich auf seine eigene Haltung im Sattel konzentrieren, statt sich den Kopf darüber zu zerbrechen, ob das Pferd denn nun wirklich springen wird.
Wenn ein Anfänger versucht, den Springsitz auf einem Pferd zu lernen, das nicht weiß, was von ihm erwartet wird, so kann das nur zu Schwierigkeiten führen. Möchte man sich ein Pferd zum Springen kaufen, so ist es deshalb auch so wichtig, sich zu vergewissern, daß das Pferd eine gute Grundausbildung im Springen erhalten hat.

## WIE FINDET MAN EIN SPRINGPFERD?

Gute Springpferde können sehr unterschiedlich aussehen, und es gibt sie in allen Größen. Das richtige Temperament und eine gewisse Springfreudigkeit sind

# Das Gebäude des Springpferdes

Wie es sein soll und wie es nicht sein soll

**Hals**
Ein mittellanger, leicht gewölbter Hals erleichtert dem Pferd das Springen »mit Bascule«, also mit rundem Rücken.
Ein kurzer, durchgedrückter Hirschhals sorgt für eine hohe Kopfhaltung. Dadurch muß das Pferd höher springen, um die Hinterhand sauber über das Hindernis zu bringen.

**Schultern**
Schräge Schultern ermöglichen es dem Pferd, seine Tritte und Sprünge problemlos zu verlängern. Das ist beim Springreiten sehr wichtig, vor allem für zwei- und dreifache Kombinationen, und läßt auch den Reiter bequemer sitzen.
Steile Schultern führen meist zu harten Bewegungen und kurzen Tritten. Außerdem werden die Vorderbeine des Pferdes bei der Landung nach dem Sprung dadurch stärker belastet.

**Rumpf**
Ein mittellanger Rücken mit guter Gurtentiefe ist meist auch kräftig. In einem geräumigen Brustkorb haben die inneren Organe des Pferdes jede Menge Platz und können gut arbeiten. Das ist wichtig für Pferde, von denen man anstrengende Tätigkeiten wie das Springen verlangt.
Ein sehr langer Rücken ist meistens nicht sehr belastbar.

**Beine**
Kurze Röhrbeine, ausgeprägte Karpal- und Sprunggelenke sowie eher flache als runde Fesselgelenke sind meistens kräftig und belastbar. Bei einem Pferd von 167 Zentimetern Stockmaß sollte der Umfang des Röhrbeins unter dem Karpalgelenk mindestens 20 Zentimeter betragen. Von der Seite betrachtet, sollten die Beine vom Pferdekörper abwärts senkrecht verlaufen und keinen Winkel nach hinten oder vorne aufweisen.
Angelaufene Stellen rund um die Sehnen an den Hinterseiten der Beine oder an den Gelenken deuten auf Überanstrengung oder Verletzungen hin. Sehr lange Fesseln sind häufig Schwachstellen; bei kurzen, steilen Fesseln gehen die Stöße beim Springen durch und durch. Die Hinterbeine sind nicht sehr belastbar, wenn die Sprunggelenke sehr weit über dem Boden liegen und nach innen oder außen gedreht sind.

**Hufe**
Am kräftigsten sind die Hufe, wenn sie gut gerundet sind und wenn die Vorder- und Hinterhufe jeweils zusammenpassen. Für ein Springpferd sind kräftige Hufe unabdingbar. Wenn das Pferd nach dem Sprung landet, setzt es den einen Vorderhuf kurz vor dem anderen auf, so daß das ganze beträchtliche Gewicht von Pferd und Reiter kurzzeitig auf diesem einen Huf lastet.
Kleine, enge Hufe können den Aufprall nicht genügend abfangen. Hufe, die nach innen oder außen gestellt sind, sind häufig nicht sehr belastbar; außerdem schlagen sie beim Springen leicht gegeneinander.

meistens wichtiger als ein völlig korrekter Körperbau. Es ist eine Tatsache, daß viele der Pferde und Ponys, die im Springparcours gute Leistungen erbringen, in einer Materialprüfung nie eine Schleife gewinnen könnten!

Die erfolgreichsten Pferde sind solche, die von Natur aus mit einem gewissen Maß an athletischen Fähigkeiten ausgestattet sind – das zeigt sich meist spätestens bei den ersten Versuchen über kleinere Hindernisse. Außerdem haben sie den Mut und die Springfreudigkeit, sich einer Herausforderung zu stellen.

Trotzdem ist das Gebäude eines Pferdes, also sein Körperbau, von großer Bedeutung, weil Körper und Beine beim Springen beträchtlichen Belastungen ausgesetzt sind. Es ist viel leichter, einem gut proportionierten Pferd beizubringen, mit möglichst wenig Anstrengung zu springen, als einem Pferd mit körperlichen Mängeln. Bei einem Pferd, das vom ganzen Gebäude her ein eher kräftiger Typ ist, ist auch die Verletzungsgefahr viel geringer.

Der »Motor« aller Bewegungen befindet sich bei Pferden hinten. Vor allem bei einem Springpferd soll die Hinterhand breit und rund sein und einen kräftigen, stabilen Eindruck machen. Von hier bekommt das Pferd seine Sprungkraft. Pferde mit einer schwachen Hinterhand sind selten gute Springpferde.

In allen Bereichen des Reitsports ist es wichtig, daß Pferd und Reiter zusammenpassen, aber beim Springen ist es von ganz besonderer Bedeutung. Hier kann eine schlechte Erfahrung schon ausreichen, um einem Reiter das Springen für sein ganzes Leben zu verleiden. Einem ängstlichen Reiter wird es auf einem starken, temperamentvollen Pferd keinen Spaß machen; ein mutiger, aktiver Reiter wird ein faules Pferd bald satt haben. Im allgemeinen ist es auch nicht sinnvoll, wenn ein kleiner Reiter ein riesiges Pferd kauft oder ein hochgewachsener Reiter ein kleines Pferd. Es ist viel leichter, auf einem Pferd gut zu reiten, das in Körperbau und Temperament zum Reiter paßt.

Wenn man losgeht, um sich ein Pferd anzusehen, das man vielleicht kaufen möchte, sollte man immer jemanden mit viel Erfahrung mitnehmen. Er kann besser beurteilen, ob das Pferd zu den Bedürfnissen und den Fähigkeiten des Reiters paßt. Der bisherige Besitzer reitet einem das Pferd in allen Gangarten vor, und danach kann man selbst reiten, um zu sehen, wie man mit dem Pferd zurechtkommt. Wenn man sich nicht sicher genug fühlt, um es selbst zu springen, sollte man einen guten Reiter oder den Reitlehrer bitten, das Pferd kurz zu reiten. Er kann einem dann seine unabhängige Meinung darüber mitteilen, wie weit das Pferd ausgebildet ist, wie temperamentvoll es ist und wie gut es zum potentiellen Käufer paßt.

Für einen erfahrenen Reiter, der auf ein bestimmtes Pferd eingestellt ist, ist es überhaupt kein Problem, dieses Pferd während eines kurzen Vorführrittes absolut großartig aussehen zu lassen. Wenn man dann mit dem Pferd nach Hause kommt, stellt sich heraus, daß es doch nicht so gut ausgebildet ist, wie man annahm. Man sollte daher einen unabhängigen Helfer mitnehmen, der ein guter Reiter ist und auch weiß, was man selbst im Sattel zustande bringt. Er kann einen dann beraten. Eine gute Möglichkeit, die Springmanier eines Pferdes abzuschätzen, ist auch das Springen an der Longe oder das Freispringen. Dafür bestehen aber oft keine Möglichkeiten.

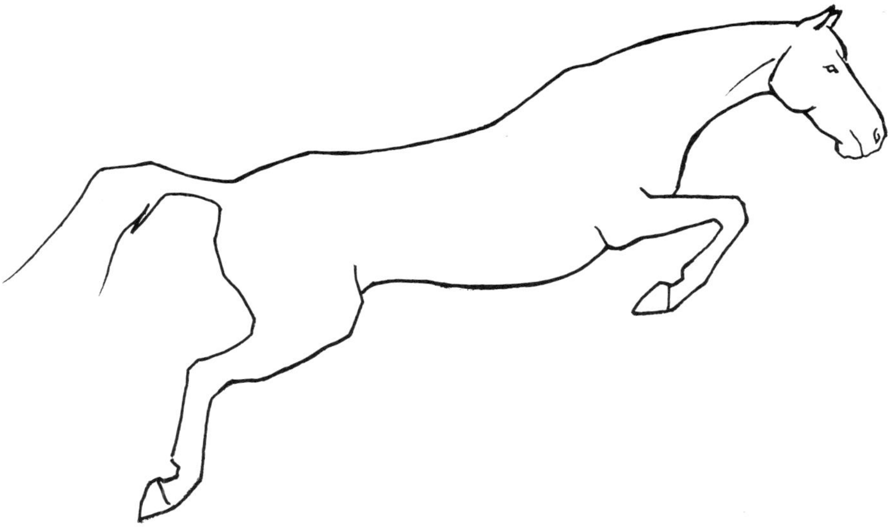

*Dieses Pferd zeigt eine gute Springechnik: Es springt rund und mit angezogenen Vorderbeinen.*

*Ein Pferd mit schlechter Springtechnik: Die Vorderbeine sind nicht ausreichend angezogen, der Rücken ist flach, und die Hinterbeine werden nachgezogen.*

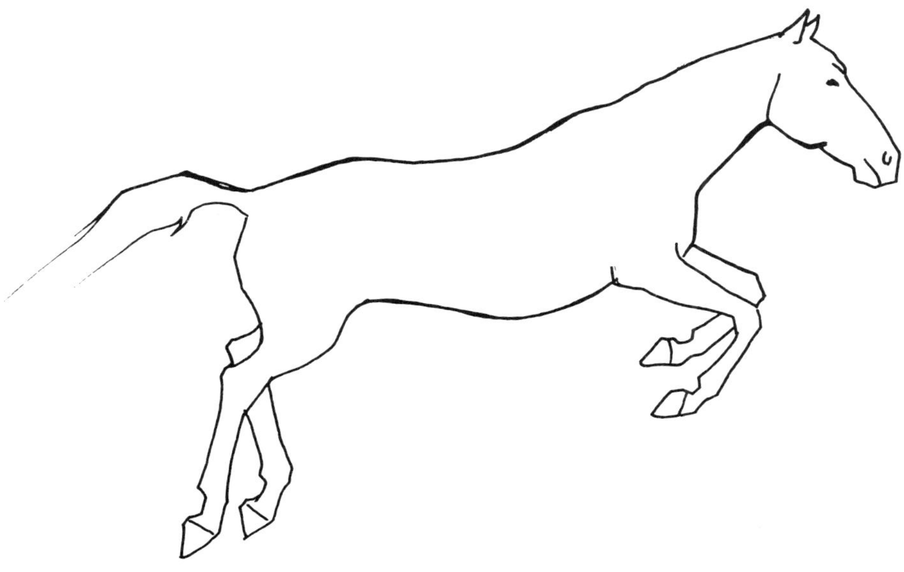

# 2

# Die Ausrüstung für Pferd und Reiter

Zum Springenlernen braucht man keineswegs jede Menge teurer, hochentwickelter Ausrüstungsgegenstände. Viel wichtiger ist es, daß die Ausrüstung in puncto Sicherheit vernünftig ist.

Das teuerste Teil ist natürlich das Pferd selbst, und gleich danach kommt ein guter Springsattel. Außerdem benötigt man unbedingt verschiedene Übungshindernisse und ein Stück ebenes Gelände, das man für die Dressurarbeit benutzt. Gute Hindernisse kann man von spezialisierten Herstellern kaufen, aber wenn man knapp bei Kasse ist, ist es auch nicht allzu schwierig, selbst welche zu bauen. Hierbei kann man seine Phantasie spielen lassen, und es ist hilfreich, wenn man Bekannte oder Freunde hat, die gute Heimwerker sind.

Für die Teilnahme an Turnieren braucht man dann noch die korrekte Reitkleidung.

## DER SPRINGSATTEL

Moderne Springsättel sind speziell so konstruiert, daß sie den Reiter darin unterstützen, in allen Phasen eines Sprunges im Gleichgewicht mit dem Pferd zu bleiben. Gleichgewicht ist tatsächlich auch das Zauberwort beim Springreiten. Der Reiter muß jederzeit im perfekten Gleichgewicht mit dem Pferd sitzen, und das nicht nur über den Sprüngen, sondern auch auf den Strecken zwischen den Hindernissen. Das Pferd kann nur dann erfolgreich springen, wenn es sowenig wie möglich durch das Gewicht auf seinem Rücken behindert wird.

Viele Leute benutzen erst einmal einen Vielseitigkeitssattel, wenn sie mit dem Springreiten anfangen. Es ist zwar wirklich kein Problem, auf einem solchen Sattel einen guten leichten Sitz einzunehmen, aber den meisten Reitern fällt das auf einem Sattel, der extra zu diesem Zweck gebaut wurde, leichter. Das gilt vor allem dann, wenn man allmählich höhere Sprünge in Angriff nimmt.

Der Baum, also das Grundgerüst eines Springsattels, unterscheidet sich von dem eines Vielseitigkeitssattels dadurch, daß die Befestigungspunkte für die Steigbügelriemen (die Bügelschlösser) weiter vorne angebracht sind. Zum Springen braucht man kürzere Steigbügel als zum sonstigen Reiten. Dadurch kommt das Bein in eine andere Position. Wenn man mit einem Vielseitigkeitssattel mit kurzen Bügeln springt, können die Unterschenkel zurückrutschen, weil die Bügelschlösser nicht weit genug vorne angebracht sind. Liegen

die Unterschenkel zu weit hinten, so wird dadurch das Gleichgewicht des Reiters und damit auch das des Pferdes beeinträchtigt. Bei einem Spezialbaum für Springsättel hängen die Bügelriemen senkrecht herunter, wenn man sich im leichten Sitz befindet, so daß man den Unterschenkel in der korrekten Lage halten kann.
Es ist sehr wichtig, daß der Sattel zu Pferd und Reiter paßt. Wenn man ein Pferd mitsamt seiner Ausrüstung kauft, sollte man sehr vorsichtig sein. Unterscheidet man sich in Größe und Körperbau vom bisherigen Besitzer, so ist die Wahrscheinlichkeit groß, daß der Sattel nicht zum neuen Besitzer paßt.
Unter dem Sattel sollte man immer eine gute Satteldecke verwenden, so daß der Rücken des Pferdes abgepolstert ist. Man darf allerdings nie in die fehlerhafte Denkweise verfallen, daß die Satteldecke es ausgleichen könnte, wenn der Sattel schlecht paßt – sie kann es nicht! Stabile Sattelgurte sind beim Springen wichtig, und zur zusätzlichen Sicherheit ist es ratsam, einen Übergurt quer über den Sattel zu schnallen.
Man sollte Bügelriemen von guter Qualität und stabile Steigbügel aus Edelstahl benutzen. Wenn das Pferd einen hohen Widerrist hat, ist ein Vorderzeug nötig. Es ist sogar sinnvoll, unabhängig vom Gebäude des Pferdes immer ein Vorderzeug zu benutzen. Es sorgt dafür, daß der Sattel nicht rutschen kann – selbst dann nicht, wenn beispielsweise der Gurt locker ist.

*Die Ausrüstung des Pferdes zum Springen*

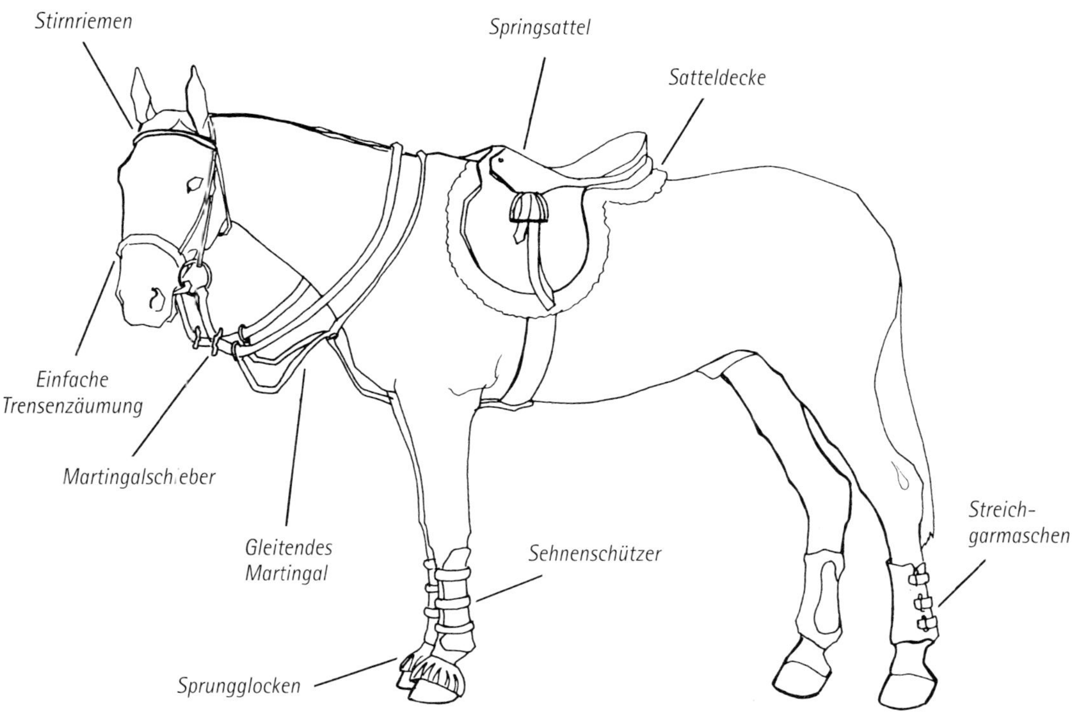

## ZÄUMUNGEN UND GEBISSE

Die in Deutschland gültige Leistungsprüfungsordnung, die LPO, schreibt vor, welche Zäumungen und vor allem welche Gebisse beim Springreiten benutzt werden dürfen.
Je höher die Turnierklasse in diesem Sport ist, desto komplizierter werden die Gebißkonstruktionen, die man zu sehen bekommt – aber das sollte man wirklich den Experten überlassen. Scharfe Konstruktionen in den falschen Händen können dem Maul (und dem Selbstvertrauen) eines Pferdes enormen Schaden zufügen.
Im allgemeinen gilt: Je einfacher die Zäumung, desto besser. Wenn ein Pferd von Anfang an gut ausgebildet wurde, sollte es völlig problemlos mit Trense und Englischem Reithalfter gehen können. Natürlich sind manche Pferde heftiger als andere, und es kann nötig werden, auf ein etwas schärferes Gebiß umzusteigen, wenn das Pferd besser im Training ist. Das hängt stark vom Charakter des Pferdes und von den Fähigkeiten des Reiters ab.
Viele Pferde gehen mit einem ungebrochenen Gebiß besser als mit einem gebrochenen. Der ausschlaggebende Faktor ist dabei oft die Form des Pferdemauls. Wenn man sich selbst schwertut, zu entscheiden, was für das eigene Pferd passend sein könnte, holt man sich am besten bei Fachleuten Rat. Welche Zäumung das Pferd auch immer trägt – sie muß perfekt passen, und das gleiche gilt für das Gebiß. Wenn ein Pferd ein unangenehmes Gefühl am Kopf hat, weil vielleicht der Stirnriemen die Ohren einzwickt oder der Kehlriemen zu eng ist, oder wenn es sich im Maul unbehaglich fühlt, weil das Gebiß zu groß oder zu klein, zu hoch oder zu tief eingelegt ist, dann wird es nie ein gutes Springpferd werden können.
Man sollte daran denken, daß man vielleicht auch einmal bei nasser Witterung in den Parcours muß. Die Zügel sollten deshalb aus einem griffigen Material bestehen oder einen Gummiüberzug haben.
Grundsätzlich ist es dem Reiter überlassen, womit er sein Pferd auf dem Turnier ausrüstet. Aber es gibt einige Einschränkungen, die sich hauptsächlich auf die sehr scharfen Konstruktionen beziehen, die vernünftige Reiter ohnehin nicht einsetzen würden. Wenn man an offiziellen Turnieren teilnehmen möchte, sollte man vorher einen Blick in die LPO werfen. Hier sind die zulässigen Gebisse für die verschiedenen Turnierklassen aufgeführt. Ungebrochene Gebisse sind beispielsweise in der Kategorie C überhaupt nicht zugelassen.

## REITHALFTER

Mit fortschreitendem Training wird man vielleicht feststellen, daß man ein Reithalfter benötigt, um durch Druck auf die Nase mehr Kontrolle über das Pferd zu bekommen.
Wenn das einfache Englische Reithalfter dazu nicht ausreicht, greifen viele Leute auf das Hannoversche Reithalfter zurück. Es kann bei manchen Pferden aber recht schwierig anzupassen sein und außerdem die Atmung des Pferdes behindern, wenn es zu nahe bei den Nüstern liegt oder zu eng verschnallt wird. Eine bessere Alternative ist das Mexikanische Reithalfter, bei dem sich zwei Riemen auf der Mitte des Nasenrückens treffen. Einer davon wird oberhalb des Gebisses verschnallt, der andere unterhalb.
Wenn man einen Stoßzügel verwenden möchte (siehe Seite 20), sollte man ihn, wie in England üblich, nicht am Gebiß, sondern am Nasenriemen befestigen. Hierfür sind ein Englisches oder ein

Kombiniertes Reithalfter geeignet, wobei der Stoßzügel bei zweiterem in den oberen Riemen eingeschnallt werden muß.

## MARTINGALE

Ein *gleitendes Martingal* ist ein sehr nützlicher Ausrüstungsgegenstand für ein Springpferd. Es besteht aus einem breiten Riemen mit einer Schlaufe, durch die der Sattelgurt gefädelt wird. Dieser Riemen verläuft zwischen den Vorderbeinen des Pferdes hindurch nach oben, führt durch einen Halsriemen und teilt sich dann in zwei schmalere Riemen. An den Enden dieser beiden Riemen befinden sich Ringe, durch die die Zügel gezogen werden.

Dieses Martingal hindert das Pferd daran, den Kopf so hoch zu nehmen, daß der Reiter keine Kontrolle mehr hat. Wenn es korrekt verschnallt ist, hat es keinerlei Wirkung, solange das Pferd den Kopf in normaler Haltung trägt. Wirft es den Kopf aber hoch, so drückt das Martingal auf die Zügel und damit auf das Gebiß. Das Martingal muß so verschnallt werden, daß es die gerade Linie der Zügel zum Pferdemaul nicht bricht, wenn das Pferd seinen Kopf korrekt trägt.

Wenn man ein gleitendes Martingal benutzt, sollte man als Sicherheitsvorkehrung immer *Martingalschieber* auf den Zügeln verwenden. Das sind kleine Stücke aus Leder oder Gummi mit einem Schlitz in

*Mexikanisches Reithalfter*

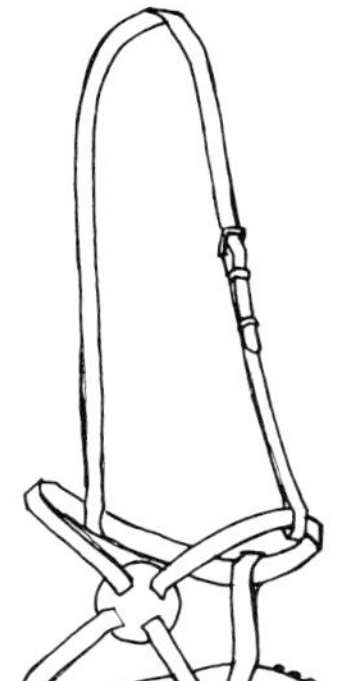

*Falsch verschnalltes gleitendes Martingal: Das Martingal sollte bei korrekter Kopfhaltung keine Wirkung auf die Zügel ausüben.*

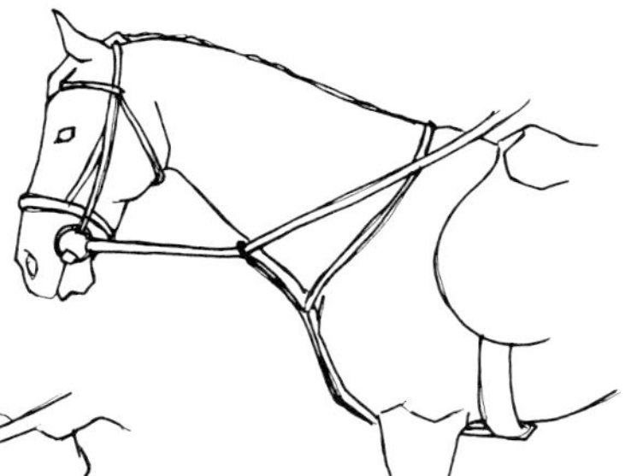

*Stoßzügel, am englischen Teil eines Kombinierten Reithalfters eingeschnallt*

der Mitte, durch den der Zügel gezogen wird. Man schiebt sie am Zügel entlang, bis sie zwischen Gebiß und Martingalring sitzen. Sie sorgen dafür, daß sich die Martingalringe nirgendwo verfangen können, zum Beispiel an den Zügelschnallen oder womöglich sogar an einem Zahn des Pferdes.

Der *Stoßzügel*, auch stehendes Martingal genannt, ist ein einzelner Riemen, der an einem Ende mit dem Sattelgurt und am anderen Ende mit den Gebißringen oder nach englischer Manier mit dem Englischen Reithalfter verbunden wird. Er führt durch einen Halsriemen und soll das Pferd ebenfalls davon abhalten, den Kopf zu hoch zu nehmen. Er kann bei Pferden mit sehr schlechter Kopfhaltung nützlich sein, sollte aber möglichst nicht verwendet werden, weil er das Pferd daran hindern kann, beim Springen Kopf und Hals zu strecken. Nach internationalem Reglement ist ein Stoßzügel auch nicht erlaubt.

## STOLLEN

Stollen gehören bei einem Springpferd zu den wichtigsten Ausrüstungsgegenständen. Sie werden in Löcher in den Hufeisen eingeschraubt, die der Schmied extra zu diesem Zweck dort angebracht hat.

Sie sind hilfreich, um zu verhindern, daß das Pferd beim Springen ausrutscht. Wenn einem Pferd beim Absprung vor einem Hindernis die Füße unter dem Körper wegrutschen, kann das Tier nicht nur Angst bekommen, sondern sich dabei auch verletzen. Ein solches Erlebnis kann ihm sogar das Springen verleiden. Stollen sind vor allem dann wichtig, wenn man unter frei-

## Gamaschen und Sprungglocken

Ein Pferd kann sich beim Springen sehr leicht dadurch verletzen, daß es sich mit den eigenen Hufen gegen die Beine schlägt. Man sollte deswegen immer eine Schutzausrüstung für die Beine verwenden.

### Sprungglocken

Zum Schutz der Vorderbeine sollten sie immer verwendet werden. Sie schützen die Ballen der Vorderhufe vor Verletzungen durch die Hinterhufe. Solche Verletzungen (Greifverletzungen) treten meist dann auf, wenn man auf schwerem, tiefem Boden springt und das Pferd manchmal buchstäblich im Schlamm steckenbleibt, so daß es die Vorderhufe nicht so schnell wie sonst aus der Reichweite der Hinterhufe bringt. Am besten nimmt man Sprungglocken, die mit einem Riemen geschlossen werden. Die Modelle, die man über die Hufe des Pferdes ziehen muß, sind oft schwierig anzulegen und abzunehmen.

### Sehnenschoner

Die Vorderbeine schützt man mit Sehnenschonern. Sie unterstützen die Sehnen und schützen außerdem die Hinterseite der Vorderbeine vor Verletzungen durch die Hinterhufe.

### Streichgamaschen

An den Hinterbeinen verwendet man Streichgamaschen, wenn das Pferd zum Streichen neigt, also die Fesselgelenke gegeneinander schlägt.

em Himmel springt, wo die Bodenbeschaffenheit ständig wechseln kann. Zugespitzte Stollen sind für trockene, harte Böden am besten geeignet. Je eckiger der Stollen, desto besser greift er bei nassen Bodenverhältnissen. Wenn man zu jedem Turnier ein Sortiment von Stollen mitnimmt, ist man für wechselnde Bodenbeschaffenheiten gerüstet. Natürlich sollte man auch beim Training zu Hause immer Stollen benutzen.

Nach dem Springen müssen die Stollen grundsätzlich entfernt werden. Die Löcher in den Eisen werden mit ölgetränkter Watte zugestopft, wenn man ohne Stollen reitet. Die Löcher müssen regelmäßig überprüft, gereinigt und wieder zugestopft werden. Wenn das Gewinde beschädigt ist, kann man keine Stollen mehr eindrehen.

Es gibt unterschiedliche Meinungen darüber, wie viele Stollen man benutzen soll. Viele Leute verwenden nur einen Stollen am äußeren Schenkel jedes Eisens. Andere sind der Meinung, daß dadurch der Huf des Pferdes schief auf dem Boden aufkommt und so Fuß und Bein zu stark belastet werden. Deswegen schrauben sie auf beiden Seiten des Eisens Stollen ein.

Es scheint mit beiden Methoden gleich gut zu gehen. Die Gefahr bei der Verwendung von Stollen am inneren Hufeisenschenkel liegt darin, daß sich das Pferd verletzen kann, wenn es beispielsweise mit dem inneren Stollen des rechten Vorderbeines gegen die Innenseite des linken Vorderbeines schlägt.

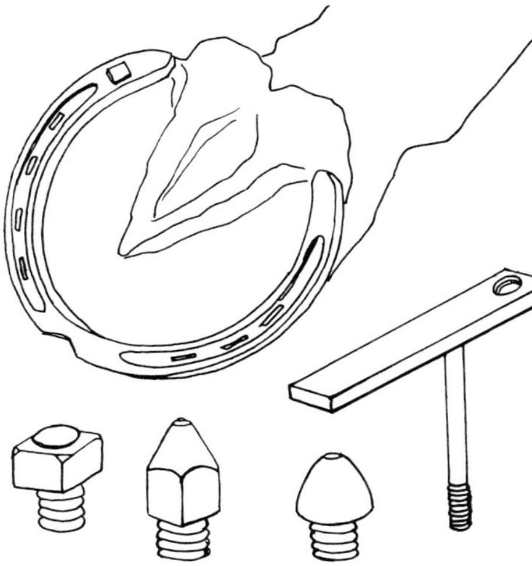

*Stollen gibt es in verschiedenen Formen für unterschiedliche Bodenbeschaffenheiten. Die Stollenlöcher hält man mit einem Stollenschlüssel sauber (rechts).*

## ÜBUNGSHINDERNISSE

Für das Training zu Hause braucht man eine Auswahl an Stangen, Ständern und »Unterbauten«. Ein halbes Dutzend Stangen reicht für den Anfang; sobald man allerdings einen Parcours bauen will, wird man mehr Hindernismaterial benötigen.

Fertige Stangen kann man in verschiedenen Größen und Farben kaufen, aber man kann sich aus geeignetem Holz auch selbst welche herstellen. Sie sollten mindestens zehn Zentimeter Durchmesser haben und mindestens drei bis dreieinhalb Meter lang sein – breite Hindernisse sind leichter zu springen als schmale, weil sie für ein Pferd einladender aussehen. Wenn man seine Stangen selbst herstellt, sollte man sorgfältig alle rauhen Kanten beseitigen, die zu Verletzungen führen könnten. Dann bemalt man die Stangen bunt, so daß sie so aussehen wie die Stangen auf Turnieren.

Die Stangen werden an extra dafür konstruierten Ständern befestigt, am besten an solchen mit Fängen. Diese Art sieht meistens sehr stabil aus. An den Ständern befinden sich sichere, leicht verstellbare Metall- oder Plastikschalen, die Auflagen,

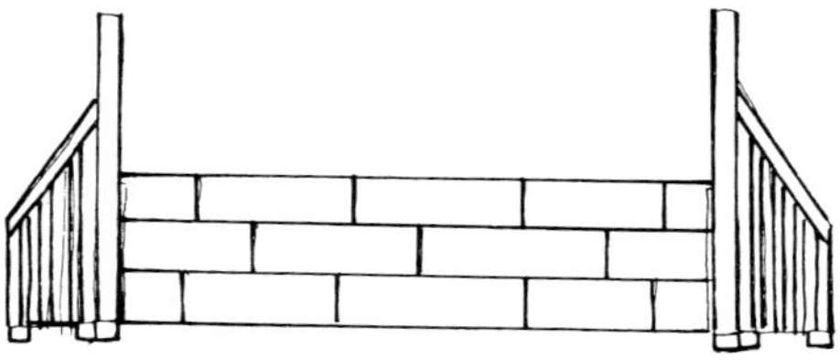

*Eine Mauer mit Fängen ist ein gutes, stabil aussehendes Hindernis.*

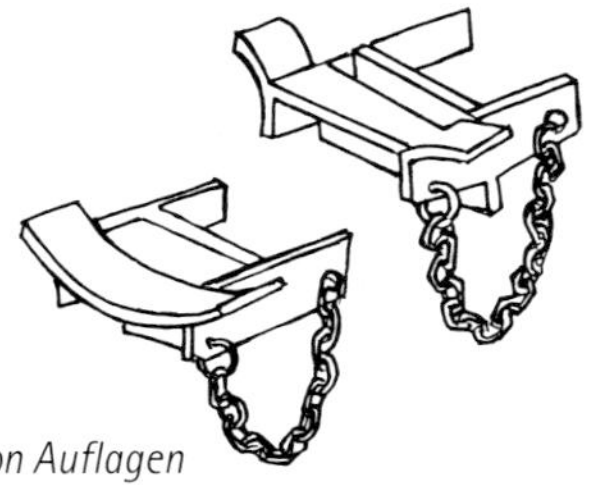

*Zwei Arten von Auflagen*

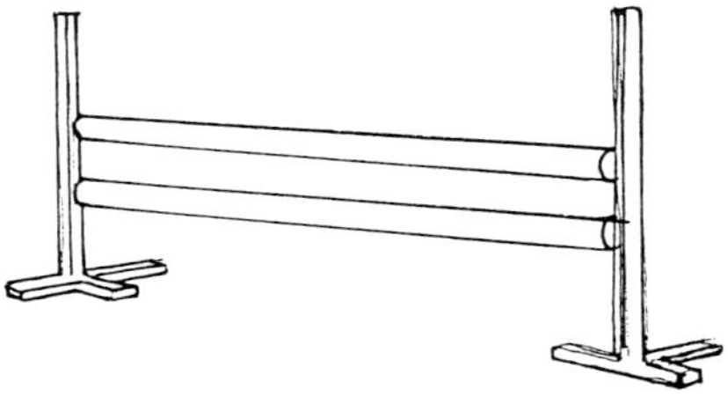

*Dieser einfache Steilsprung wäre für das Pferd einladender, wenn er eine Absprunghilfe hätte.*

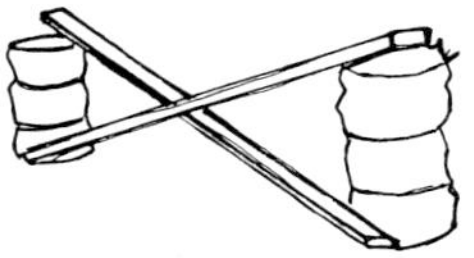

*Rostige Ölfässer und zerbrechliche Holzstücke sollte man nicht benutzen.*

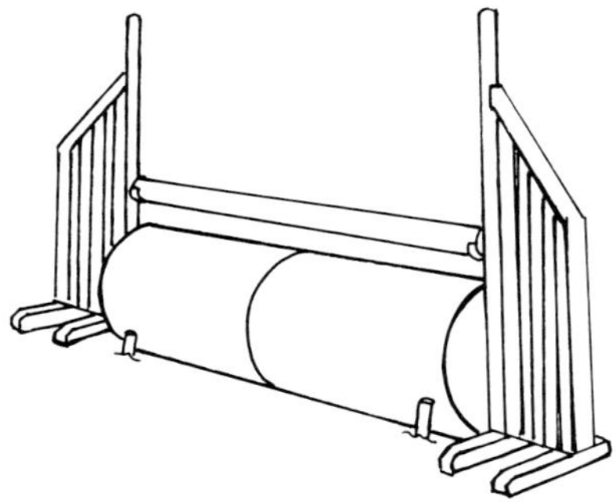

*Eine Stange über Fässern ergibt ein gutes Übungshindernis. Die Pflöcke sorgen dafür, daß die Fässer nicht wegrollen können.*

auf die die Stangen gelegt werden. Wenn man es sich nicht leisten kann, Ständer zu kaufen, kann man sie auch selbst bauen. Eine andere Möglichkeit besteht darin, spezielle Kunststoffblöcke zu kaufen, die aufeinandergestapelt werden. Man kann sogar Ölfässer benutzen, sofern sie stabil genug sind und nicht schon rosten.

Die Übungshindernisse sollten Turnierhindernissen so ähnlich wie möglich sehen, und sie müssen *sicher* sein. Man darf Hindernisse nie aus zerbrechlichen alten Holzstücken oder aus verrostetem Metall zusammenbasteln. Solche Hindernisse zerbrechen leicht und führen dann zu Verletzungen. Außerdem respektieren Pferde derartige Hindernisse kaum und fangen bald an, nachlässig zu springen. Die Hindernisse sollen stabil aussehen, auch wenn sie aufgrund ihrer Konstruktion leicht umzuwerfen sind.

Unterbauten in Form von Bürsten, kleinen Mauern, Holztafeln oder Planken sind ebenfalls wichtig. Man benutzt diese Dinge, damit die Hindernisse für das Pferd stabiler erscheinen. Außerdem haben sie den Vorzug, daß ein Parcours damit für die Zuschauer attraktiver und abwechslungsreicher aussieht.

Wenn ein Pferd noch nicht oft an Prüfungen teilgenommen hat, kann es auf dem Turnier von einem neuen, unbekannt aussehenden Hindernis so überrascht sein, daß es erst einmal stehenbleibt, um sich

## Die Reitkleidung

Eine Kappe mit Kinnschutz und Reitstiefel mit glatten Sohlen und niedrigem Absatz sind die wichtigsten Kleidungsstücke beim Reiten.

Im Falle eines Sturzes bietet ein Militaryhelm nach der neuesten DIN-Norm den besten Schutz. Diese schirmlosen Helme werden von Vielseitigkeitsreitern auf der Geländestrecke getragen. *Auch beim Training zu Hause sollte man immer eine Kappe tragen!*

Wenn man beim Training lieber in normalen Hosen oder in Jodhpurhosen reitet statt in Reithosen mit Schaftstiefeln, sollte man dazu Jodhpurstiefel oder spezielle knöchelhohe Reitschuhe tragen. Sie sind normalen Schuhen vorzuziehen, weil sie den Knöcheln Halt geben. Man sollte nie in Turnschuhen, Gummistiefeln oder anderen Schuhen reiten, die eine Sohle mit starkem Profil oder keinen Absatz haben.

Reitstiefel sind speziell so konstruiert, daß der Fuß nicht hängenbleiben kann, wenn er durch den Steigbügel rutscht oder bei einem Sturz in eine falsche Position kommt. Mit dem Fuß im Steigbügel hängenzubleiben – das ist wohl der Alptraum jedes Reiters! Wenn das Pferd nun auf die Idee käme, loszugaloppieren, würde es den Reiter mit dem Kopf auf dem Boden mitschleifen, und zwar wahrscheinlich unter seinen Hinterbeinen. *Man sollte sich daher nie verleiten lassen, in Schuhen zu reiten, die nicht sicher sind.*

## Turnierkleidung

Auf dem Turnier sollte man schon aus Höflichkeit gegenüber den Veranstaltern und den Zuschauern so gut wie möglich gekleidet sein. Man trägt also immer ein sauberes Hemd beziehungsweise eine Bluse mit Krawatte oder Plastron, eine gut passende Jacke, die die Bewegungsfreiheit beim Springen nicht einschränkt, sowie Reithosen und Stiefel.

Wenn man auf offiziellen Turnieren startet, muß man sich bei der Kleidung an die Regelungen der LPO halten. Diese schreibt eine Reitjacke in gedeckter Farbe (schwarz, dunkelblau oder dunkelgrün) vor. Darunter trägt man ein weißes oder helles Hemd mit passender Krawatte oder Plastron, Frauen können auch Reitblusen mit hohem Kragen ohne Krawatte beziehungsweise Plastron tragen. Außerdem sind Stiefel und helle Reithosen vorgeschrieben.

Die Reitkappe muß die aktuelle DIN-Norm erfüllen. Man kann auch einen Militaryhelm tragen, den man mit einem dunklen Überzug versieht. Sobald man auf dem Pferd sitzt, muß man die Kinnbefestigung der Kappe korrekt schließen – egal, ob man sich nun im Parcours oder auf dem Vorbereitungsplatz befindet.

Wenn es sehr kalt oder naß ist, braucht man vielleicht Handschuhe. Modelle aus Baumwolle oder Nylon und auch gestrickte Handschuhe sind gut brauchbar, während Lederhandschuhe bei Nässe rutschig werden.

dieses Ding genauer anzusehen. Aus diesem Grund ist es sehr wichtig, im Training so viele verschiedene Hindernisse wie möglich zu verwenden.
Auch Unterbauten kann man ohne größere Schwierigkeiten zu Hause zusammenbauen, aber sie müssen ebenfalls absolut sicher sein. Fässer oder Tonnen, die man farbig anmalt und in eine Reihe legt, sind preiswert und machen sich gut – ebenso wie Strohballen. Aus Gründen der Sicherheit sollte man immer einen Keil oder einen Pflock im Boden verwenden, so daß die Tonnen nicht wegrollen können. Wenn man Strohballen benutzt, müssen sie so dicht gepreßt sein, daß das Pferd nicht mit einem Huf in den Schnüren hängenbleiben kann, wenn es einen Fehler macht.

Eine Holzplanke, die man mit verschiedenen farbigen Mustern bemalt und unterhalb der oberen Stange eines Hindernisses anbringt, ist auch eine gute Methode, das Pferd an ungewöhnlich aussehende Sprünge zu gewöhnen.

## DER SPRINGPLATZ

Als Übungsplatz zum Springen sucht man sich eine ebene, gut drainierte Wiese aus, auf der keine Steine oder ähnliche störende Gegenstände herumliegen. Man sollte nicht springen, wenn der Boden steinhart oder sehr schlammig ist. Je weniger Belastung man den Beinen und Hufen des Pferdes zumutet, desto länger wird man gemeinsam mit ihm Freude am Springen haben.
Bei nasser Witterung sollte man die Sprünge regelmäßig von einem Teil des Platzes auf einen anderen verlegen, so daß man den Boden nicht zu sehr aufreißt. Eine angegriffene Grasnarbe braucht einige Zeit, um sich wieder zu erholen.

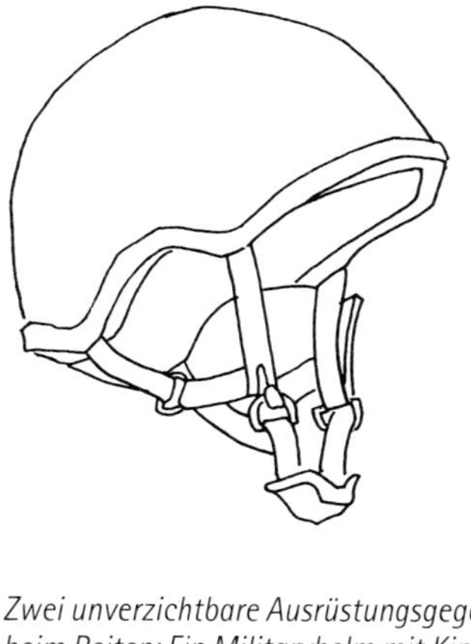

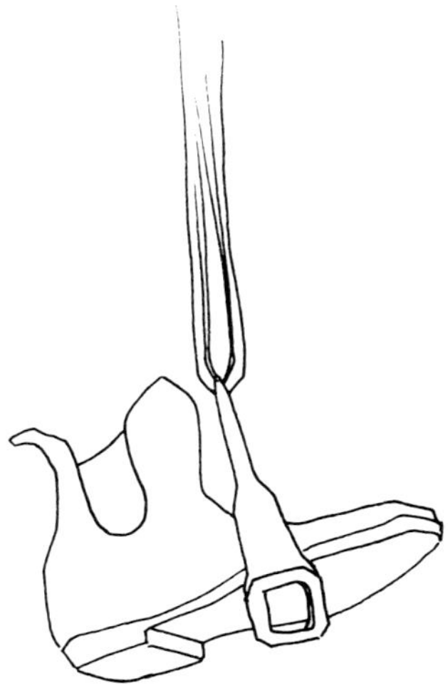

*Zwei unverzichtbare Ausrüstungsgegenstände beim Reiten: Ein Militaryhelm mit Kinnschutz und Reitstiefel mit Absatz.*

*Rechts: Beim Springen ist es wichtig, nach vorne zum nächsten Hindernis zu sehen.*

# 3

# Vorbereitende Arbeit in der Bahn

Viele Menschen empfinden das Springen als die aufregendste Seite des Reitsports. Ob man nun auf internationalem Niveau startet oder auf den Stallturnieren der Umgebung: Wenn man einen Parcours stilistisch gut und fehlerfrei beendet hat, wird man immer das gleiche großartige Gefühl haben, etwas erreicht zu haben.
Die meisten Reiter finden es ziemlich schwierig, springen zu lernen. Als Anfänger wird man durch den plötzlichen Schub aus der Hinterhand beim Absprung des Pferdes leicht aus dem Gleichgewicht gebracht und findet es dann schwierig oder sogar unmöglich, dieses Gleichgewicht bis zur Landung wiederzufinden.
Und weil sich das Sitzen auf dem Pferd über einem Hindernis ganz anders anfühlt als alles andere beim Reiten, ist es so wichtig, die Dinge Schritt für Schritt anzupacken: Zuerst übt man das Reiten über Bodenstangen, dann geht man zu kleinen Hindernissen über und trainiert einfache Sprünge, bevor man anspruchsvollere Sachen probiert.
Wenn man zu früh versucht, zu viel zu springen, führt das im besten Fall nur dazu, daß der Reiter sein Selbstvertrauen verliert. Im schlimmsten Fall wird das Pferd ständig schmerzhaft im Maul gerissen, weil der Reiter sich an den Zügeln festhält, um im Gleichgewicht zu bleiben.
Man sollte immer daran denken, daß es dem Pferd wirklich die Arbeit erleichtert, wenn man in der Lage ist, einen guten Stil zu reiten.

## AB WANN MAN SPRINGEN KANN

Man sollte mit dem Springen erst dann anfangen, wenn man einen sicheren Sitz entwickelt hat, der in allen Gangarten völlig zügelunabhängig ist. Außerdem muß man in der Lage sein, die verschiedenen Hilfen – Zügel, Schenkel, Gewicht und so weiter – einzusetzen, um auf das Pferd einzuwirken.
Der Reiter sollte in aufrechter und entspannter Haltung und mit erhobenem Kopf im Gleichgewicht mit dem Pferd bleiben können. Die Beine sollen locker sein, nicht verkrampft, so daß die Unterschenkel ganz natürlich direkt hinter dem Gurt am Pferdeleib anliegen. Man darf nicht die ganze Zeit das Gefühl haben, daß man sich mit den Beinen anklammern muß, sondern sollte entspannt im Sattel sitzen können –

ganz egal, welche Übung man mit dem Pferd gerade reiten möchte.

## WARUM DRESSURREITEN?

Viele Reiter, die mit dem Gedanken spielen, an Springturnieren teilzunehmen, halten das Dressurreiten für langweilig oder sogar für unnötig. Tatsächlich ist es aber so, daß man nicht erwarten kann, im Springsport Erfolg zu haben, wenn man die dressurmäßige Ausbildung seines Pferdes vernachlässigt.

Hat ein Pferd erst einmal gelernt, korrekt zu springen, so wird es kaum wieder vergessen, wie das geht. So ist es interessant zu wissen, daß viele berühmte, international erfolgreiche Reiter ihre Spitzenpferde zwischen den Turnieren nur selten auf dem Springplatz reiten. Ein paar Aufwärmsprünge vor dem Turnier sind meist alles, was diese Pferde brauchen. Sie halten sich nicht dadurch fit, geschmeidig und in Leistungsbereitschaft für den Parcours, daß sie endlos über Hindernisse springen. Sie werden regelmäßig dressurmäßig ge-

*Korrekter Sitz für die Dressurarbeit*

ritten. Schließlich ist das Anreiten – anders ausgedrückt, die dressurgeschulte Bewegungsmanier zwischen den Sprüngen – der entscheidende Faktor dafür, wie gut das Pferd tatsächlich springt, wenn es schließlich am Hindernis angelangt ist.

Wenn es erfolgreich springen soll, muß das Pferd die Hindernisse ruhig und im Takt angehen und dabei jede Menge Schub zeigen. Das heißt, es muß sich vom Reiterschenkel vorwärts in die Zügeleinwirkung hineintreiben lassen und die Hinterhand dabei gut unter den Körper setzen. Diese geballte Kraft zwischen Schenkel und Hand des Reiters, die man sich ungefähr wie eine zusammengedrückte Sprungfeder vorstellen kann, führt zu einer höheren Aktion des Pferdes. Das ganze Pferd wird kürzer und hat dadurch die größtmögliche Sprungkraft, wenn es schließlich vor einem Hindernis am richtigen Punkt für den Absprung angelangt ist.

Die grundlegende Dressurarbeit schult Gleichgewicht, Takt und Schwung des Pferdes und lehrt es, gerade zu bleiben, sich auf einem Zirkel korrekt zu biegen und auf Verlangen die Tritte zu verlängern oder zu verkürzen – lauter Fertigkeiten, die für ein Springpferd wichtig sind.

## ARBEIT IN WENDUNGEN UND AUF KREISBÖGEN

Innerhalb eines Parcours müssen mehrere Richtungsänderungen geritten werden. Bei einem Stechen gegen die Uhr kann die Fähigkeit, das Pferd schnell zu wenden, über Sieg oder Niederlage entscheiden. Deswegen ist es sehr wichtig, daß sich das Pferd gleichmäßig gut nach links und rechts biegen kann und daß man weiß, wie man es in einer Wendung reiten muß, ohne es dabei in seinem Gleichgewicht zu stören oder ihm seinen Schwung zu nehmen.

Ebenso wie Menschen werden auch Pferde häufig »einseitig« geboren. Bei uns Menschen wird das hauptsächlich daran deutlich, daß wir Rechts- oder Linkshänder sind. Bei Pferden macht sich die Einseitigkeit als Steifheit einer Körperseite bemerkbar. Wenn man das Pferd auf Zirkeln und gebogenen Linien arbeitet, wird es auf der steifen Seite lockerer und baut dort Muskeln auf, bis sie auf dieser Seite genauso gut entwickelt sind wie auf der »guten« Seite. Das Ziel dieses Trainings liegt darin, daß sich das Pferd auf beiden Händen gleich gut biegen kann.

Wenn man diese Losgelassenheit erreicht hat, kann man sie nur dadurch aufrechterhalten, daß man die hier beschriebenen Übungen regelmäßig mit dem Pferd reitet, denn sonst wird es wieder einseitig, also schief. Am besten hält man sich vor Augen, daß diese lösenden Übungen den Aufwärmübungen entsprechen, die alle menschlichen Sportler, Turner und Tänzer jeden Tag machen müssen, um fit zu bleiben.

Als erstes übt man Wendungen in den Ecken des Reitplatzes. Man reitet dabei im Arbeitstrab und trabt leicht. Wenn das Pferd auf einer Seite steif ist, arbeitet man es zuerst auf der *besseren* Seite und fordert erst dann Biegung auf der steifen Seite, wenn es gut gelöst ist. Man darf auf keinen Fall versuchen, das Pferd in eine Haltung zu zwingen, die es aufgrund seiner körperlichen Voraussetzungen gar nicht einnehmen kann.

Wenn man sich der Ecke nähert, verlagert man sein Gewicht etwas stärker auf den inneren Sitzknochen. Die Schultern bleiben parallel zu den Schultern des Pferdes – die äußere Schulter darf nicht nach hinten kommen, und man darf sich nicht nach innen lehnen. Der innere Schenkel liegt am Gurt, der äußere etwas hinter dem Gurt,

*Dieses Pony geht in korrekter Biegung durch die Ecke.*

*Fehlerhafte Wendung: Der Kopf des Ponys ist nicht in die Richtung gestellt, in die es sich bewegt, und die Reiterin ist mit der inneren Hüfte eingeknickt.*

um zu verhindern, daß die Hinterhand des Pferdes nach außen ausfällt.

Am inneren Zügel wechselt man zwischen leichtem Annehmen und Nachgeben. Würde man hier einfach nur anziehen, so würde man nur erreichen, daß sich die Halsmuskeln des Pferdes versteifen. Auch der äußere Zügel ist sehr wichtig. Die Hand muß zwar etwas nach vorne gehen, so daß sich der Hals des Pferdes nach innen biegen kann, aber gleichzeitig muß sie die stetige Anlehnung an das Pferdemaul aufrechterhalten. Sonst würde sich das Pferd vermutlich nur im Hals biegen statt im gesamten Körper.

Dabei achtet man darauf, daß das Pferd nicht langsamer wird, sondern weiterhin fleißig vorwärts geht. Wenn man diese Lektion korrekt reitet, biegt das Pferd beim Durchreiten der Ecke seinen gesamten Körper.

Das seitliche Biegen ist für ein Pferd aufgrund seines Körperbaus nicht einfach, aber durch gute Ausbildung kann es seine Biegefähigkeit so weit entwickeln, daß es sich auf einem *Kreisbogen* bewegen kann und dabei die Hinterbeine in die Spuren der Vorderbeine treten. Dazu muß es das innere Hinterbein stärker abwinkeln als bei der Arbeit auf einer geraden Linie.

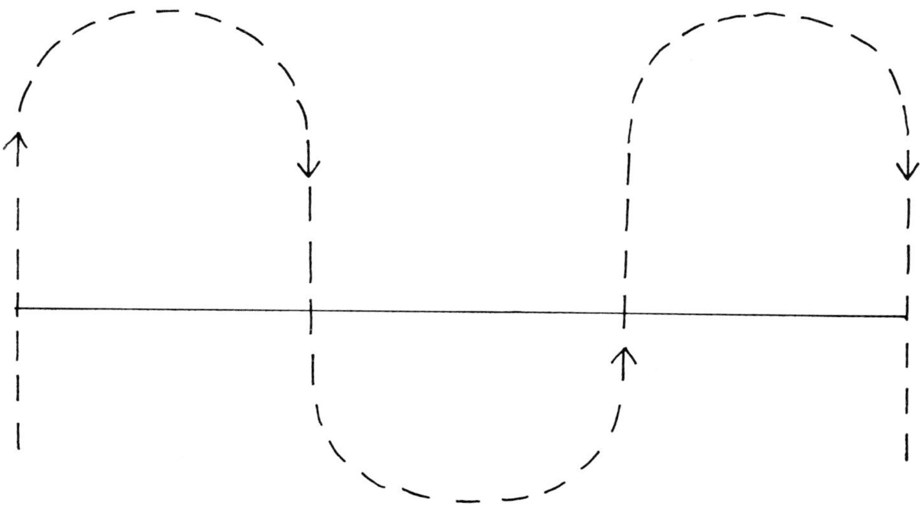

*Drei Bogen durch die ganze Bahn. Das Pferd lernt dabei, sich nach beiden Seiten zu biegen.*

Natürlich dauert die Entwicklung der korrekten Biegung auf der steiferen Seite des Pferdes länger als auf seiner besseren Seite.

Wenn man auf Kreisbogen arbeiten möchte, sollte man anfangs die normale Zirkelgröße einhalten, also 20 Meter im Durchmesser. Auf kleineren Kreisen, den Volten, ist es für das Pferd schwieriger, das richtige Maß an Biegung zu erreichen. Wenn man soweit ist, daß man die Ecken und Zirkel im taktreinen Trab korrekt reiten kann, wiederholt man dieselben Lektionen im Galopp, wobei man wieder sehr sorgfältig darauf achtet, daß das Pferd im Gleichgewicht bleibt und fleißig vorwärts geht, in schönen runden und taktreinen Galoppsprüngen und immer an den Hilfen des Reiters.

Wenn das Biegen des Pferdes auf größeren Kreisen gut klappt, kann man die Kreisbogen allmählich verkleinern. Volten mit Durchmessern um die zehn Meter sollte man ausgesessen traben und dabei Gewichts- beziehungsweise Kreuzhilfen einsetzen, um das Pferd an die leicht gegenhaltende Zügelhand heranzureiten. Dabei soll sich das Pferd etwas langsamer und versammelter bewegen als beim Reiten von Zirkeln, aber sein Gang muß immer noch taktrein und schwungvoll sein.

## BOGEN DURCH DIE GANZE BAHN

Eine der besten Übungen, die man überhaupt durchführen kann, sind Bogen durch die ganze Bahn – zuerst im Schritt, dann im Leichttraben. Man reitet dabei drei Bogen von gleicher Größe, fängt am einen Ende des Platzes an und hört am anderen Ende auf. Diese Übung eignet sich ausgezeichnet dafür, das Pferd zu veranlassen, sich abwechselnd nach beiden Seiten zu biegen. Wenn man die Biegungsrichtung ändern möchte, vergewissert man sich erst einige Tritte lang, daß das Pferd gerade ist, und gibt ihm erst dann die Hilfen für die Biegung in die andere Richtung.

Wenn das Pferd wirklich losgelassen und geschmeidig ist, kann man auch mehr als drei Bogen von ihm fordern – je mehr Bogen, desto enger werden die Wendungen – und diese im ausgesessenen Trab reiten.
Dabei muß man daran denken, daß man zu Beginn einer Stunde nicht gleich aussitzen sollte, sondern damit besser wartet, bis die Rückenmuskeln des Pferdes locker geworden sind.

## GERADERICHTUNG

Ein Pferd, das sich auf einer geraden Linie so bewegen kann, daß die Hinterhufe genau in die Spur der Vorderhufe treten, wird ein besserer Sportler sein als eines, das schief geht. Bei einem schiefen Pferd fällt die Hinterhand zu einer Seite hin aus, oder der Kopf wird seitlich abgestellt getragen.
Pferde haben eine natürliche Neigung zur Einseitigkeit, also zur Schiefe, und deswegen muß man ihnen Geraderichtung *beibringen.* Diese fällt ihnen leichter, wenn man sie vorher auf beiden Seiten gleich geschmeidig und losgelassen gemacht hat. Wenn man nicht weiß, ob sich das Pferd gerade bewegt, kann man es einmal in einer frisch geharkten Bahn auf einer geraden Linie und auf dem Zirkel reiten und sich danach die Hufabdrücke genau ansehen.
Auf einem Pferd, das fleißig und mit Schwung vorwärts geht, ist die Geraderichtung leichter zu erreichen. Man wird also merken, daß man ein Pferd im guten, schwungvollen Trab besser gerade halten kann als im Schritt. Das gleiche Prinzip trifft zu, wenn man versucht, auf einem Fahrrad geradeaus zu fahren: Je langsamer man fährt, desto schwieriger wird es.
Man sollte auch daran denken, daß einseitig schiefes Reiten ein Pferd dazu auffordern kann, einseitig schief zu werden. Wenn ein Pferd also ständig schief geht, kann das auch am Reiter liegen. Man sollte daher einen guten Reitlehrer bitten, zu überprüfen, ob man gerade sitzt und dem Pferd korrekte Hilfen gibt. Oft bemerkt man es selbst gar nicht, wenn man einen Schenkel oder eine Hand stärker einsetzt als den anderen Schenkel oder die andere Hand.

## TRITTE VERLÄNGERN UND VERKÜRZEN

Es kommt immer wieder vor, daß man über Hindernisse reiten möchte, die nahe beieinander stehen – beispielsweise bei einer zweifachen oder dreifachen Kombination. In solchen Fällen wird es ab und zu nötig sein, die Tritte oder die Galoppsprünge des Pferdes zu verlängern oder zu verkürzen, so daß es am richtigen Punkt abspringen kann. Die Fähigkeit des Pferdes zum Verlängern und Verkürzen hängt von seiner Durchlässigkeit ab, während es zum Durchreiten von Wendungen vor allem gelöst sein muß.
Die Durchlässigkeit wird durch das Reiten von Übergängen geschult. Ein Übergang ist ein Wechsel der Gangart (zum Beispiel vom Schritt zum Trab oder vom Trab zum Galopp) oder ein Wechsel der Trittlänge innerhalb einer Gangart (zum Beispiel vom versammelten Trab zum starken Trab).
Damit fängt man am besten an, indem man Übergänge vom Schritt zum Trab reitet. Auf einem gut ausgebildeten Pferd sollte ein Druck beider Schenkel ausreichen, um es antraben zu lassen. Wenn es nicht reagiert, besorgt man sich eine Dressurgerte und berührt das Pferd damit direkt hinter dem Unterschenkel des Rei-

ters. Die Gerte sollte je nach Größe des Ponys oder Pferdes mindestens 90 Zentimeter lang sein, damit man dabei nicht die Hand vom Zügel nehmen muß. Ein kurzes Antippen mit der Gerte ist viel besser, als endlos mit den Absätzen gegen den Pferdeleib zu hämmern, denn dadurch stumpft das Pferd gegenüber den Schenkelhilfen völlig ab. Durch das Signal der Gerte wird das Pferd bald begreifen, was von ihm erwartet wird, und dann kann man dieses Hilfsmittel wieder weglassen.

Ein Übergang in eine langsamere Gangart ist schwieriger zu reiten als einer in eine schnellere, weil das Pferd beim Durchparieren eher aus dem Gleichgewicht gerät und den Schwung verliert. Man muß sich dabei tief und mit aufrechtem Oberkörper in den Sattel setzen. Einen Übergang darf man niemals einfach nur als ein Ziehen am Zügel betrachten. Die Schenkel müssen deutlichen Kontakt zum Pferdeleib halten, so daß das Pferd die Hinterbeine weiterhin gut unter den Körper setzt. Man kann sich vorstellen, daß man das Pferd vorwärts in eine sanft zurückhaltende Hand hineinreiten möchte; anders ausgedrückt, folgt man einen Augenblick lang nicht den Bewegungen von Kopf und Hals. Wenn man das richtig ausführt, wird der Übergang weich und nicht abrupt, und das Pferd verliert dabei nicht das Gleichgewicht, sondern wechselt ohne Anzeichen von Widerstand die Gangart. Wenn man soweit ist, daß man weiche Übergänge vom Schritt zum Trab und wieder zurück reiten kann, kann man mit Übergängen Schritt – Trab – Galopp – Trab – Schritt anfangen.

Hat man auf diese Art gelernt, Übergänge von einer Gangart zur anderen zu reiten, so versucht man als nächstes, innerhalb einer Gangart eine Verlängerung der Tritte zu erreichen. Dabei muß man daran denken, daß »schnellere Tritte« nicht dasselbe sind wie »verlängerte Tritte«. Wenn es beispielsweise darum geht, für das zweite Hindernis einer zweifachen Kombination den richtigen Absprungpunkt zu erreichen, der Abstand zwischen den beiden Hindernissen für das Pferd aber eigentlich etwas zu groß ist, hilft einem ein Schnellerwerden gar nichts.

Man beginnt mit dem Verlängern der Tritte, indem man einen flotten Arbeitstrab reitet. Diese Gangart entspricht in etwa dem Trab, den das Pferd von Natur aus anbietet, nur daß er durch das regelmäßige Dressurreiten etwas fleißiger geworden sein sollte. Man trabt leicht und legt die Schenkel beim Niedersetzen in den Sattel etwas stärker an. Gleichzeitig läßt man die Zügel um eine Kleinigkeit länger, so daß das Pferd Kopf und Hals strecken kann. Es sollte nun allmählich längere Tritte machen, wobei es seine Geschwindigkeit nur unbedeutend steigen darf. Wenn es einfach nur schneller wird, muß man noch einmal von vorne anfangen. Je nach Ausbildungsstand des Pferdes kann es eine Weile dauern, bis man Verlängerung und nicht Beschleunigung erzielt. Man muß geduldig bleiben und die Übung immer wieder wiederholen, bis es klappt.

Wenn das Pferd seine Tritte verlängert, läßt man es einige Tritte lang so gehen und reitet dann wieder Arbeitstrab, indem man die Schenkelhilfen einstellt und die Fäuste wieder fest um die Zügel schließt. Im Aussitzen fällt einem das Ganze wahrscheinlich leichter, weil man das Pferd dann mit Kreuz- beziehungsweise Gewichtshilfen vorwärts treiben kann, aber mit der Arbeit im Aussitzen sollte man erst dann ernsthaft anfangen, wenn das Pferd eine gute Rückenmuskulatur entwickelt hat.

Schließlich übt man das Verlängern und Verkürzen der Sprünge im Galopp, also in

*Der Übergang vom Trab zum Galopp. Weiche Übergänge von einer Gangart in die andere fördern die Durchlässigkeit.*

## Die halbe Parade

Wenn der Reiter eine halbe Parade gibt, bedeutet dies, daß er das Pferd einen Augenblick lang »aufnimmt«, so daß es besser ins Gleichgewicht kommt und einen größeren Teil seines Gewichts auf die Hinterhand legt. Außerdem bereitet man es dadurch auf eine bevorstehende Hilfengebung vor, beispielsweise für einen Wechsel der Gangart oder der Richtung. Wiederholte halbe Paraden sind eine gute Methode, ein aufgeregtes Pferd zu beruhigen.

Für einen Reitanfänger ist es – ebenso wie beim Springen – schwierig oder sogar unmöglich, die Hilfengebung für die halbe Parade auf einem nicht ausgebildeten Pferd zu lernen. Man sollte also sicherstellen, daß das Pferd halbe Paraden wirklich gelernt hat, bevor man selbst damit anfängt, denn sonst kommen Pferd und Reiter durcheinander.

Wenn man noch nie eine halbe Parade gegeben hat, fängt man zunächst im Schritt an. Die Hilfen sind im Grunde die gleichen wie zum Halten, aber die Intensität der Hilfen hängt davon ab, wie stark das Pferd reagieren soll, wie empfindlich es ist und wie schnell es die Hilfen normalerweise umsetzt.

Bei der halben Parade legt man beide Schenkel an den Pferdeleib an und treibt das Pferd dadurch vorwärts. Gleichzeitig setzt man sich tief in den Sattel, gibt also eine Gewichts- beziehungsweise Kreuzhilfe. Man sollte dabei spüren, daß das Pferd stärker nach vorwärts an den Zügel herantritt. Sobald das passiert, hält man mit den Zügeln einen Augenblick lang gegen, statt der Vorwärtsbewegung des Pferdes mit den Händen zu folgen. Dabei ist es wichtig, daß man alles nur *einen Moment lang* macht. Wenn eine halbe Parade richtig durchgeführt wird, ist sie für einen Zuschauer fast unsichtbar. Wenn das Pferd plötzlich anhält, waren die Hilfen zu stark. Es hat den Reiter dann falsch verstanden und angenommen, er wolle halten. Wenn es den Kopf vorstreckt und sich auf das Gebiß legt, waren die Schenkelhilfen zu kräftig. Das Pferd soll lediglich die Hinterbeine stärker anwinkeln, die Hinterhand senken und sein Gewicht weiter nach hinten verlagern, während es weiterhin taktrein vorwärts geht.

Um besser zu verstehen, was man vom Pferd verlangt, kann man sich im Fernsehen ein Geländerennen ansehen. Dabei achtet man auf reiterlose Pferde, die weiterhin im Feld mitlaufen und springen. Wenn sich ein solches Pferd einem Hindernis nähert, verlagert es beim letzten Galoppsprung vor dem Absprung sein Gewicht auf die Hinterhand. In der Zeitlupe kann man das am besten sehen. Das Pferd weiß instinktiv, daß das, was der Reiter als halbe Parade bezeichnet, die beste Methode ist, um sich auf einen größeren Sprung vorzubereiten. Der Reiter muß dem Pferd also lediglich beibringen, auf seine Aufforderung hin die entsprechende Haltung einzunehmen.

Wenn man im Schritt ein Gefühl für halbe Paraden erworben hat, kann man sie auch in den schnelleren Gangarten üben. Beim Springreiten wird man merken, wie nützlich diese Lektion ist, um ein Pferd beim Anreiten an ein Hindernis ins Gleichgewicht zu bringen.

der Gangart, in der man beim Springen hauptsächlich reitet. Auch hier lautet die goldene Regel, daß das Pferd zunächst die Hinterhand aktiv einsetzen muß. Anders ausgedrückt, müssen sich die Sprunggelenke unter dem Körper befinden, so daß das Pferd zum einen nach vorne abdrücken und zum anderen Gewicht auf die Hinterbeine verlagern kann, um so die Sprünge verkürzen zu können.

Wenn es die Hinterhand nicht aktiv einsetzt, wird es einfach nur »rennen«, wobei das Gewicht auf der Vorhand liegt und die Sprünge einfach nur schneller statt länger werden.

Die beste Möglichkeit, die Hinterhand zu aktivieren, ist der Einsatz von halben Paraden.

## WORAN MAN IMMER DENKEN SOLLTE

- Je besser ein Pferd dressurmäßig ausgebildet ist, desto besser wird es auch im Springen sein.
- Das dressurmäßige Reiten darf man auch dann nicht vergessen, wenn man beispielsweise nur ausreitet: Auch dabei kann man halbe Paraden, Übergänge, das Verlängern und Verkürzen der Tritte sowie korrekte Wendungen üben.
- Bevor das Pferd nicht gut aufgewärmt ist, darf man keine schwierigen Bewegungen von ihm verlangen und im Trab nicht aussitzen.
- Zuerst arbeitet man das Pferd auf der Seite, auf der es sich besser biegen kann, dann erst auf der steiferen Seite – und niemals umgekehrt!
- Man soll immer dann mit dem Training aufhören, wenn es gerade gut geklappt hat, wenn also das Pferd eine Lektion gut ausgeführt hat.
  Dann sollte man das Pferd auch wissen lassen, daß man mit ihm zufrieden ist. Man kann ihm den Hals klopfen und es loben, und man sollte es zur Entspannung am langen Zügel gehen lassen.
- Man darf niemals springen, bevor die Muskeln des Pferdes nicht durch dressurmäßige Arbeit gelockert sind und es sich dadurch ausbalanciert und schwungvoll bewegt.
- Wenn man eine bestimmte Lektion einfach nicht richtig hinbekommt – egal, wieviel man daran arbeitet -, dann sollte man sich Rat von Fachleuten holen. Es ist erstaunlich, wie schnell ein guter Reitlehrer ein scheinbar unüberwindbares Problem lösen kann.

4

# Der leichte Sitz

Wenn man sich einen völlig zügelunabhängigen und ausbalancierten Sitz erarbeitet hat, kann man allmählich voller Zuversicht an die erste Springstunde denken.

Den Anfang macht man am besten auf einem ruhigen, erfahrenen Pferd und unter den Augen eines guten Reitlehrers oder einer guten Reitlehrerin. Dadurch hat man die besten Chancen, einen korrekten Sitz zu erlernen und schlechte Angewohnheiten gar nicht erst aufkommen zu lassen. Anfänger sollten sich wirklich nicht verleiten lassen, alleine auf den Springplatz zu gehen, das Pferd in Richtung Hindernis zu lenken und das Beste zu hoffen. Man fällt dabei vielleicht nicht herunter, aber es ist sehr wahrscheinlich, daß man beim Reiten auf diese Art auch keine allzu gute Figur abgeben wird!

Manche Reiter lernen nie, in guter Manier zu springen – meistens deswegen, weil sie es bei der Grundausbildung zu eilig gehabt haben.

Man muß die Springausbildung Schritt für Schritt angehen. Zu Beginn beschäftigt man sich mit den Unterschieden zwischen dem Grundsitz, den man zum dressurmäßigen Reiten erlernt hat, und der Haltung, die man zum Springen einnehmen muß. Dann übt man das Reiten im leichten Sitz oder Springsitz erst einmal in der Bahn.

Danach reitet man über Bodenstangen. Erst wenn man das im guten Gleichgewicht tun kann, ohne sich am lebensrettenden Zügel festhalten zu müssen, kann man zu den ersten kleinen Sprüngen übergehen.

## DER SPRINGSITZ

Zunächst muß man verstehen, wie wichtig beim Springen die Grundhaltung des Reiters ist. Diese Grundhaltung unterscheidet sich deutlich von der für das dressurmäßige Reiten.

Der Springsitz oder leichte Sitz soll es dem Reiter ermöglichen, in allen Phasen des Sprunges mit dem Pferd mitzugehen, also beim Anreiten, beim Absprung, in der eigentlichen Schwebephase, bei der Landung und auch beim Weiterreiten danach. Manche Reiter zählen den ersten Galoppsprung nach der Landung sogar auch noch zum eigentlichen Sprung.

Um den leichten Sitz einzunehmen, muß man die Bügelriemen etwa zwei oder drei Löcher kürzer schnallen, so daß man das eigene Gewicht weiter nach vorne verlagern kann, als man das beim dressurmäßigen Reiten tun würde. Diese Gewichtsverlagerung ist notwendig, weil sich der Schwerpunkt des Pferdes bei höherer Geschwindigkeit und beim Springen nach vorne verschiebt. Wenn der Reiter hinter

der Bewegung zurückbleibt, beeinträchtigt er das Gleichgewicht des Pferdes und macht ihm seine Arbeit, das Springen über ein Hindernis, viel schwerer.
Um beim Springen im Gleichgewicht mit dem Pferd zu bleiben, muß man den Oberkörper nach vorne neigen. Beim dressurmäßigen Reiten in der Bahn sollen die Schultern ja auf einer senkrechten Linie über den Hüften liegen, beim Springen befinden sich die Schultern dagegen vor den Hüften. Das Verkürzen der Steigbügel hat dabei die Wirkung, daß der Winkel zwischen Körper und Hüfte kleiner wird, so daß es leichter fällt, die vorgeneigte Haltung einzunehmen.
Das Gewicht des Reiters liegt jetzt also nicht mehr direkt auf den Sitzknochen, sondern es wird über Knie und Schenkel mehr auf den Fußballen im Steigbügel verlagert. Man entlastet dadurch den Rücken des Pferdes, und das macht dem Tier das Überspringen eines Hindernisses viel leichter, als wenn man dabei aufrecht im Sattel sitzen würde.
Wie sicher man beim Springen im Sattel sitzt, hängt vom Gleichgewicht und von einer guten Beinhaltung ab. Im leichten Sitz bleibt der Unterschenkel direkt unterhalb des Reiters dicht am Pferdeleib. Der Reiter winkelt den Knöchel ab, und die Zehen weisen nach oben. Man sollte das Gefühl haben, daß sich das eigene Gewicht über die Absätze nach unten fortsetzt.
Den Springsitz kann man am besten im Trab und Galopp in der Bahn üben. Wenn man es nicht schafft, in beiden Gangarten ausbalanciert im leichten Sitz zu bleiben, ist man noch nicht bereit zum Springen.

*Man kann den Springsitz zunächst im Halten üben. Bei dieser jungen Reiterin ist der Unterschenkel aber deutlich zu weit zurückgerutscht.*

## BODENSTANGEN

Das Reiten über Bodenstangen ist eine ausgezeichnete Methode, um im leichten Sitz ins Gleichgewicht zu kommen. Anfangs legt man sich dazu einzelne Stangen über den Platz verteilt auf den Boden und reitet das Pferd im Schritt darüber. Dabei achtet man darauf, daß man mit den Händen der Bewegung von Kopf und Hals folgt, die aufgrund der Dehnungshaltung des Pferdes entsteht. Außerdem muß man daran denken, den Oberkörper leicht nach vorne zu neigen, so daß die Schultern vor den Hüften liegen. Anschließend reitet man im Leichttraben über die Stangen.
Für den nächsten Schritt legt man sich eine kleine Reihe von drei Stangen im Abstand von ungefähr 140 Zentimetern hin. Die Distanz muß der Trittlänge des jeweiligen Pferdes angepaßt werden; dazu ist ein Helfer oder eine Helferin sehr nützlich. Es ist ohnehin unklug, das Spring-

*Oben: Hier wird der leichte Sitz im Trab beibehalten, das Gewicht der Reiterin wird über Knöchel und Absatz abgefedert.*

*Unten: Der Springsitz im Galopp*

training durchzuführen, ohne daß jemand in der Nähe ist, der im Falle eines Sturzes helfen kann.
Dieser Helfer muß keineswegs nur am Zaun stehen. Er wird sich beispielsweise als unentbehrlich erweisen, sobald man Stangen anders hinlegen oder die Höhe von Hindernissen verstellen will.
Über die Stangenreihe reitet man dann von beiden Seiten im Schritt, bis man dabei ohne Schwierigkeiten im leichten Sitz bleiben kann. Beim nächstenmal reitet man im Leichttraben darüber.
Man konzentriert sich darauf, den Oberkörper nach vorne geneigt zu halten, die Unterschenkel in der richtigen Lage zu lassen und vom Ellbogen über die Hand zum Maul des Pferdes eine gerade Linie aufrechtzuerhalten. Auch dabei muß man daran denken, den Bewegungen von Pferdekopf und -hals mit den Händen zu folgen. Die Stangenreihe kann man allmählich erweitern, bis man voller Selbstvertrauen eine Reihe mit sechs Stangen entlangtraben kann.
Wenn man sich bei dieser Übung im Leichttraben sicher fühlt, kann man versuchen, den leichten Sitz auch im Trab über der Stangenreihe beizubehalten. Dies erfordert eine erhöhte Geschmeidigkeit und eine gute Balance.
Jetzt kann man die Stangen etwas vom Boden weg anheben – 15 bis 25 Zentimeter reichen. Man kann dazu Holzblöcke oder Ziegelsteine unter die Stangenenden legen. Wenn man Cavaletti hat, kann man auch diese benutzen und sie auf die niedrigste Höhe drehen. Beim Traben über diese erhöhten Stangen muß das Pferd seine Karpal- und Sprunggelenke stärker beugen. Auch das ist eine ausgezeichnete Gleichgewichtsschulung.
Ohne Bügel über die Stangen zu traben, ist ebenfalls eine gute Übung zur Verbesserung des Reitergleichgewichts und zur Festigung des leichten Sitzes.

## DER ERSTE SPRUNG

Die einfachste Möglichkeit, sich an das Gefühl beim Springen zu gewöhnen, ist die Verwendung eines kleinen Kreuzsprunges mit einer Höhe von ungefähr 40 Zentimetern. Man kann dieses Hindernis am Ende einer Reihe von Bodenstangen oder niedrigen Cavaletti aufstellen. Je nach Trittlänge des Pferdes positioniert man das Hindernis ungefähr 200 bis 220 Zentimeter hinter der letzten Stange. Über die Stangen reitet man wie immer im Trab.
Die Bodenstangen stellen sicher, daß sich das Pferd kontrolliert an das kleine

### Zehn häufige Reitfehler

Alle im folgenden aufgezählten Stilfehler sind häufig zu sehen – und sie alle erschweren es dem Pferd, im Gleichgewicht zu bleiben und gut zu springen:

- Während der letzten Galoppsprünge die Zügel durchrutschen lassen, also die Zügelanlehnung aufgeben
- Beim Anreiten zu weit nach vorne lehnen
- Vor dem Pferd abspringen
- Beim Absprung hinter der Bewegung bleiben
- Sich über dem Hindernis auf eine Seite lehnen
- Nach unten sehen, statt nach vorne zu blicken
- Den Absatz höher nehmen als die Zehen
- Der Unterschenkel zurückrutschen lassen
- Sich am Hals des Pferdes abstützen
- Sich im Sattel zu weit nach hinten setzen, so daß man dem Pferd bei der Landung ins Kreuz plumpst

# Die einzelnen Phasen des Sprungs

Beim Springen liegt das Hauptziel des Reiters darin, dem Pferd die besten Möglichkeiten für das saubere Überspringen des Hindernisses zu geben. Das bedeutet, daß man das Pferd gerade, taktmäßig, im Gleichgewicht und schwungvoll auf das Hindernis zureiten muß – und es dann so wenig wie möglich stören darf, indem man ruhig im Sattel sitzt und mit der Bewegung mitgeht. Die verschiedenen Phasen des Sprunges erfordern unterschiedliche reiterliche Fertigkeiten.

### Das Anreiten

Beim Anreiten an ein Hindernis soll das Gewicht des Reiters über die Hüften und die Knie auf die Fußballen verlagert sein. Die Unterschenkel sollen direkt unterhalb des Reiters gut am Pferdeleib anliegen. Das Gesäß ist zwar leicht aus dem Sattel gehoben, aber man darf sich trotzdem nicht übertrieben weit nach vorne lehnen, weil sonst dem Pferd das Anheben der Schultern beim Absprung erschwert wird.

Gutes Anreiten ist der Schlüssel zum guten Springen. Der Reiter befindet sich zwar im leichten Sitz, aber er muß jederzeit bereit sein, sich wieder tiefer und aufrechter in den Sattel zu setzen, wenn es während dieser letzten Galoppsprünge erforderlich sein sollte. Es kann zum Beispiel nötig sein, das Pferd mit einer halben Parade zurückzuhalten oder es mit stärkeren Gewichts- und Schenkelhilfen vorwärts zu treiben. Man muß also lernen, solche Veränderungen der eigenen Haltung sehr schnell vorzunehmen, ohne dabei das Pferd aus dem Gleichgewicht zu bringen.

Das Anreiten an ein Hindernis soll immer *gerade* und kontrolliert erfolgen. Man hält das Pferd im Gleichgewicht und im Takt, indem man es mit den Schenkeln vorwärts reitet und stetige Zügelanlehnung hält. Kurz vor dem Hindernis wird das Pferd den Hals strecken und den Kopf etwas senken, um das Hindernis zu taxieren und sich auf den Absprung vorzubereiten. Dieser Bewegung müssen die Reiterhände folgen, ohne die Zügelanlehnung aufzugeben.

### Die Absprungphase

Zur Vorbereitung auf den Absprung hebt das Pferd Kopf und Hals und nimmt die Hinterbeine weit unter den Körper, so daß es sich nach oben abdrücken kann. Um ihm dabei den Rücken völlig freizugeben, sollte man in diesem Moment das Gewicht aus dem Sattel nehmen.

Einer der häufigsten Fehler besteht darin, daß der Reiter vor dem Pferd abspringt, sich also zu früh zu weit nach vorne lehnt. Wenn man sein Gewicht nach vorne verlagert, bevor das Pferd mit den Vorderbeinen vom Boden abhebt, hilft das dem Pferd nicht im gering-

*Anreiten* *Absprungphase* *Schwebephase*

*Die vier Phasen eines Sprungs und das Weiterreiten. Der Reiter befindet sich dabei immer in der richtigen Haltung: Die Unterschenkel liegen am Gurt, die Zügellinie ist vom Ellbogen an gerade.*

sten. Man bringt dadurch lediglich genau in dem Augenblick, in dem das Pferd abzuspringen versucht, mehr Gewicht auf die Vorhand. Der richtige Zeitpunkt zum Vorlehnen ist gekommen, sobald sich die Schultern des Pferdes nach oben bewegt haben. Das Vorlehnen erfolgt aus der Hüfte heraus, und gleichzeitig muß man mit den Händen der Bewegung des Pferdekopfes folgen.

**Über dem Hindernis**

Solange das Pferd sich in der Luft befindet, sitzt man ruhig, das Gesäß ist leicht aus dem Sattel gehoben, die Unterschenkel liegen unter dem Körper und nahe am Gurt. Wenn man jetzt die Absätze nach oben oder den ganzen Unterschenkel nach hinten rutschen läßt, hat man einen weniger sicheren Sitz. Die Wahrscheinlichkeit ist groß, daß man dann nach vorne kippt und sich schließlich am Pferdehals abstützen muß, wodurch das Gleichgewicht des Pferdes beeinträchtigt wird.

Während der Schwebephase über dem Hindernis sitzt man mit erhobenem Kopf gerade und sieht nach vorne. Wenn man sich auf eine Seite lehnt, nach unten sieht oder sich umschaut, verlagert man immer auch sein Gewicht und kann damit das Pferd aus dem Gleichgewicht bringen. Man sollte daran denken, daß der Kopf der schwerste Teil des Körpers ist. Deswegen müssen Reiter ebenso wie andere Sportler ihren Kopf so ruhig wie möglich halten, um plötzliche Veränderungen der Gleichgewichtslage zu vermeiden.

**Die Landung**

Wenn die Vorhand des Pferdes in Vorbereitung auf die Landung nach unten kommt, richtet man den eigenen Körper auf, bringt aber immer noch kein Gewicht in den Sattel. Dadurch läßt man dem Pferd alle Möglichkeiten, das Hindernis auch mit der Hinterhand sauber zu überwinden.

Je höher das Hindernis ist, desto stärker ist der Aufprall bei der Landung. Man fängt ihn mit Hüften, Knien und Knöcheln auf, die dazu gut federn müssen.

**Das Weiterreiten**

Manche Reiter betrachten den ersten Galoppsprung nach der Landung als eine fünfte Sprungphase. Nachdem das Pferd mit den Vorderbeinen aufgekommen ist, setzt es die Hinterbeine unter den Körper und will zum ersten Galoppsprung abdrücken. Zu diesem Zeitpunkt sollte der Reiter seinen Körper aufgerichtet haben und sich wieder in der leichten Sitzposition befinden, die er beim Anreiten eingenommen hatte. Schenkel und Kreuz können nun bei Notwendigkeit sofort eingesetzt werden, um das Pferd in die Richtung des nächsten Hindernisses zu treiben.

*Landephase*

*Weiterreiten*

*Die Unterschenkel sind weit nach hinten gerutscht, die Reiterin sieht seitlich nach unten, und die Hände sind auf dem Pferdehals aufgestützt.*

*Die Reiterin hat die Zügelanlehnung vor dem Hindernis aufgegeben.*

*Instabile Position des Unterschenkels*

*Der Reiter bleibt hinter der Bewegung zurück.*

*Der Reiter hat sich zu weit nach vorne gelehnt.*

*Einige häufige Fehler*

Hindernis heranreiten läßt, und die Verwendung eines Kreuzsprunges hilft dem Pferd, gerade zu bleiben. Damit ist der Reiter frei, sich auf seine Haltung zu konzentrieren. Gerade in diesem Stadium kann es nur zu leicht passieren, daß man sich Stilfehler angewöhnt. Deswegen ist es auch so wichtig, diese ersten Übungen in Anwesenheit eines guten Reitlehrers oder einer Reitlehrererin durchzuführen, der oder die einem sagen kann, wo man Fehler macht.

Die schlimmste Sünde beim Springreiten besteht darin, das Pferd im Maul zu reißen. Um das zu vermeiden, legen viele Reitlehrer dem Pferd vorsichtshalber einen Halsriemen um, an dem man sich im Bedarfsfall festhalten kann.

Wenn man den kleinen Sprung am Ende der Trabstangenreihe nicht mehr weiter schwierig findet, kann man sich ungefähr fünfeinhalb bis sechs Meter dahinter ein zweites Hindernis aufbauen. Dadurch kann das Pferd zwischen den zwei kleinen Hindernissen einen Galoppsprung machen, so daß man in das Springen aus dem Galopp eingeführt wird.

Wenn das Pferd nach diesen kleinen Hindernissen landet, wird es sich wahrscheinlich im Galopp weiterbewegen. Ein paar Galoppsprünge sollte man ihm erlauben, bevor man es zum Trab durchpariert, um die Übung noch einmal zu machen. Das Weiterreiten nach dem Hindernis ist beim Turnierreiten wichtig, und deswegen ist es besser, das Pferd zum zügigen Weitergaloppieren zu ermuntern als es bummeln zu lassen.

5

# Springreihen und einfache Hindernisse

Hat man die Grundlagen erst einmal gemeistert, indem man den leichten Sitz über eine Reihe von Stangen und danach das Überspringen von ein oder zwei kleinen Kreuzsprüngen erlernt hat, dann kann man sich an etwas anstrengendere Übungen der Springgymnastik wagen. Sie sind hilfreich, um die Haltung im Sattel zu festigen.

Springreihen mit niedrigen Hindernissen sind ideal, um ein gutes Gleichgewicht und einen sicheren Sitz zu entwickeln. Richtig aufgebaut, sind solche Reihen für ein Pferd keine schwierige Aufgabe, so daß der Reiter sich weitgehend auf sich selbst konzentrieren kann. Wenn man sich die Mühe macht, in den frühen Phasen der Springausbildung an diesen Reihen zu trainieren, sollte man ohne größere Rückschläge so weit kommen, daß man einzelne Hindernisse und schließlich auch einen kleinen Parcours in Angriff nehmen kann.

Die goldene Regel lautet, nie Hektik aufkommen zu lassen und immer eine Aufgabe nach der anderen zu bewältigen.

## DAS TRAINING AN SPRINGREIHEN

Man kann sich Springreihen als eine Erweiterung der Übungen mit den Bodenstangen vorstellen. Der größte Unterschied liegt darin, daß das Pferd über den kleinen Hindernissen etwas weiter vom Boden weg ist als vorher über den Stangen oder den Cavaletti, und daß es sich jetzt schneller bewegt. Tatsächlich ist das Springen aus dem Galopp für den Reiter viel bequemer als aus dem Trab. Man braucht sich also keine Sorgen darüber zu machen, ob man das Springen aus einer schnelleren Gangart bewältigen kann.

Zu Anfang baut man sich im Anschluß an die Bodenstangen drei niedrige Hindernisse auf. Man kann auch Cavaletti verwenden, die man auf die maximale Höhe dreht. Wenn man Hindernisse benutzt, baut man das erste als Kreuzsprung etwa 200 bis 220 Zentimeter hinter der letzten Bodenstange auf. Das nächste niedrige Hindernis legt man ungefähr fünfeinhalb bis sechseinhalb Meter nach dem Kreuzsprung an, so daß das Pferd dazwischen einen Galoppsprung machen kann. Der Abstand vom zweiten zum dritten Hindernis sollte ungefähr zehn bis zehneinhalb Meter betragen, so daß das Pferd dazwischen zwei Galoppsprünge einlegen kann. Dieses Hindernis kann man als kleinen Oxer, also als Hochweitsprung, aufbauen, der das Pferd ermuntert, sich etwas

1
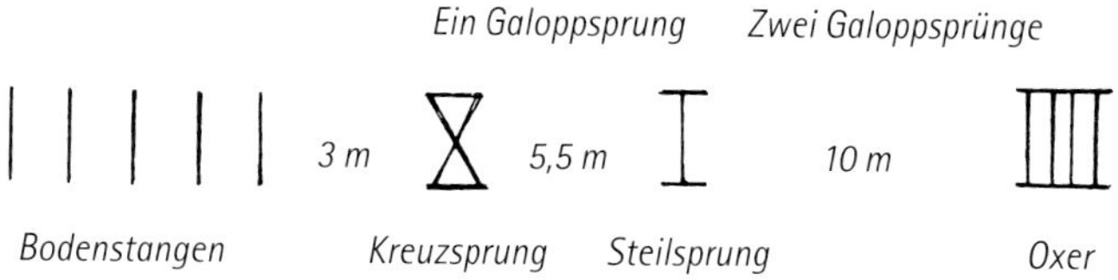


2
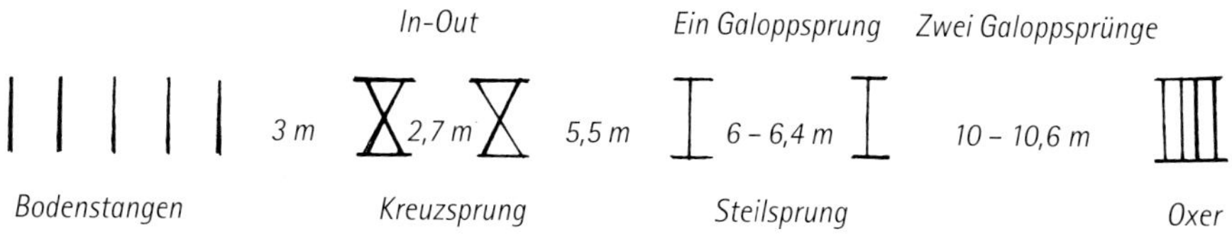


*Springreihen für Anfänger. Die Distanzen müssen dem jeweiligen Pferd angepaßt werden.*

mehr anzustrengen und runder zu springen. Damit bekommt man auch ein Gefühl für höhere Hindernisse.

Mit der Zeit kann man noch ein oder zwei weitere niedrige Hindernisse an die Springreihe anfügen, die man im Abstand von ein oder zwei Galoppsprüngen voneinander aufstellen kann. Man kann aber auch durch einen »In-Out«-Sprung Abwechslung in das Ganze bringen. Dabei landet das Pferd nach einem Hindernis und springt sofort wieder für das nächste ab, ohne einen Galoppsprung dazwischen zu machen. Wenn man einen In-Out an den Anfang der Springreihe legt, die man immer noch im Trab anreiten sollte, dann muß die Distanz zwischen den beiden Hindernissen des In-Out ungefähr 270 Zentimeter betragen. Mitten in einer Springreihe, in der das Pferd ja galoppiert, muß der Abstand ungefähr bei dreieinhalb Metern liegen.

Wenn möglich, sollte man in der Springreihe auch schon einen kleinen Bürstensprung oder eine niedrige Mauer aufbauen, statt nur Stangenhindernisse zu verwenden. Wenn die Hindernisse immer wieder anders aussehen, bleibt das Pferd aufmerksamer und langweilt sich nicht. Trotzdem sollte man immer Hindernismaterial verwenden, das sich leicht umwerfen läßt. Das ist vor allem bei Springreihen wichtig, weil das Pferd hier leicht Angst bekommt, wenn es einen Fehler macht.

Wenn man regelmäßig das Reiten über solche Springreihen aus niedrigen Hindernissen trainiert, wird man bald merken, worum es beim Springen eigentlich geht. Allmählich traut man sich mehr zu, und dann kann es einem auch passieren, daß man vom Reitlehrer aufgefordert wird, die Übung ohne Zügel zu reiten – eine gute Möglichkeit, um zu überprüfen, ob man tatsächlich einen unabhängigen Sitz erworben hat!

Wenn man die Übungen problemlos absolvieren kann, ohne hinter der Bewegung zu bleiben oder anderweitig das Gleichgewicht zu verlieren, dann ist man soweit, daß man Einzelhindernisse anpacken kann.

## EINZELHINDERNISSE

Das Überwinden eines einzelnen Hindernisses ist viel schwieriger als das Anreiten eines Hindernisses nach einer Reihe von Bodenstangen. Die Bodenstangen stellen sicher, daß das Pferd das Hindernis am richtigen Punkt für den Absprung angeht. Wenn man sie entfernt, ist es plötzlich Aufgabe des Reiters, das Anreiten zu planen, statt sich nur auf seinen Sitz im Sattel zu konzentrieren.

Anfangs ist es unwahrscheinlich, daß es einem jedesmal gelingt, den richtigen Absprung zu finden. Es kann passieren, daß das Pferd früher abspringt, als man erwartet hatte, oder daß es näher als sonst an das Hindernis herankommt. In solchen Situationen ist ein sicherer Sitz wirklich wichtig, so daß man auch in unvorhersehbaren Augenblicken mit den Bewegungen des Pferdes mitgehen kann. Hindernisse in dieser niedrigen Höhe sollten auch dann kein Problem für das Pferd darstellen, wenn man es nicht perfekt herangeritten hat. Trotzdem wäre es nicht fair, das Pferd dadurch zu »belohnen«, daß man es im Maul reißt oder im falschen Augenblick sein gesamtes Gewicht in den Sattel bringt.

Um den Übergang von Springreihen auf Einzelhindernisse zu erleichtern, ist eine Vorlegstange eine gute Sache. Sie wird etwas vor dem Hindernis auf den Boden gelegt und hilft dem Pferd, den richtigen Punkt zum Abspringen zu finden. Man kann sie auch etwas hochlegen oder ein Cavaletto benutzen. Für den Anfang legt man die Stange etwa 200 bis 220 Zentimeter vor dem Hindernis auf den Boden und reitet es im fleißigen Trab an. Bei der Landung nach dem Sprung läßt man das Pferd weitergaloppieren. Bevor man die Übung noch einmal versucht, pariert man zum Trab durch. Wenn man das Hindernis im Galopp anreiten möchte, legt man die Stange etwa fünfeinhalb Meter vor den Sprung, so daß das Pferd zwischen Stange und Hindernis einen Galoppsprung machen kann. Man sollte die Sache für das Pferd

*Durch die Vorlegstange wird aus diesem niedrigen Oxer ein einfaches Hindernis.*

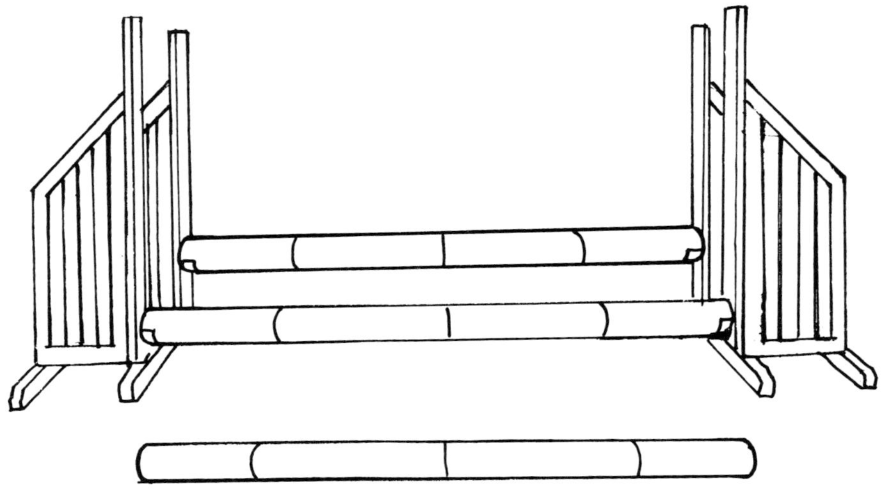

*Ein vorgeschnittener Springsattel mit Übergurt und Satteldecke. Die Konstruktion derartiger Sättel erleichtert es dem Reiter, über dem Sprung eine gute Haltung einzunehmen. Viele Reiter erlernen das Springen aber auf einem Vielseitigkeitssattel.*

*Oben: Dieses Pony springt unter seiner jungen Reiterin willig über ein niedriges Hindernis.*

*Unten: Die Arbeit auf dem Zirkel ist auch für ein Springpferd eine wichtige lösende Übung.*

*Beim Halten sollte das Pferd gleichmäßig auf allen vier Beinen stehen.*

*Das Traben über Bodenstangen dient der Vorbereitung aufs Springen.*

*Trabarbeit über hochgelegte Stangen ist eine ausgezeichnete Übung zur Verbesserung des Gleichgewichts.*

*Oben: Der erste Sprung, ein Kreuzsprung. Hier wird ein Halsriemen als Sicherheitsmaßnahme eingesetzt, falls die Reiterin hinter der Bewegung zurückbleibt.*

*Unten: Die Reiterin zeigt eine gute Schenkelposition für den Absprung, aber die Zügel sollten nicht durchhängen.*

*Oben: Eine korrekt angelegte Stangenreihe mit einem Kreuzsprung dahinter sorgt dafür, daß Pferd und Reiterin auch den zweiten Sprung im Gleichgewicht nehmen.*

*Unten: Das Reiten ohne Steigbügel ist eine gute Methode, den unabhängigen Sitz zu überprüfen. Die Reiterin sollte allerdings auch ohne Bügel versuchen, den Rücken des Pferdes zu entlasten.*

*Oben: Ein Sprung über ein einzelnes Hindernis ist der erste Schritt hin zum ganzen Parcours.*
*Unten: Bevor man an Turnieren teilnimmt, sollte das Pferd daran gewöhnt sein, über bunte Hindernisse zu springen.*

*Oben: Falsch: Die Reiterin bringt das Pferd aus dem Gleichgewicht, wenn sie sich auf eine Seite legt und nach unten sieht.*

*Unten: Ein anderer häufiger Fehler: Der Unterschenkel ist weit zurückgerutscht, die Reiterin hält keinen Schenkelkontakt mehr und sitzt nicht mehr sicher im Sattel.*

*Oben: Die Reiterin ist stark hinter der Bewegung und hat Mühe, das Pony nicht im Maul zu reißen.*

*Unten: Die meisten Verweigerungen sind das Ergebnis von Reiterfehlern.*

*Oben: Dieses Pferd weiß, wo das nächste Hindernis steht, und rennt mit hochgeworfenem Kopf darauf zu. Aus dieser Haltung heraus wird es nicht ausbalanciert springen können.*

*Unten: Eine V-förmige Stangengasse hilft, das Pony gerade auf den Sprung hinzulenken. Diese Fänge müssen sorgfältig so aufgelegt werden, daß sie die Hindernisstange nicht in den Auflagen festhalten. Im Idealfall liegt die waagrechte Stange auf dem äußersten Rand der Auflage, so daß sie leicht herunterfällt, wenn das Pony dagegenstößt.*

Oben: Manche Pferde wehren sich, weil sie sich nicht von den anderen Pferden auf dem Vorbereitungsplatz trennen wollen. Hier hilft nur geduldige Ausbildung.

Unten: Ein wichtiger Aspekt beim turniermäßigen Springreiten ist die Parcoursbegehung. Man geht die Sprünge in der richtigen Reihenfolge ab und überlegt sich, wie man sie anreitet und wo man die Wendungen ausführt.

*Oben links: Nachdem man den Parcours hinter sich gebracht hat, lobt man das Pferd und läßt die Zügel lang, damit es sich entspannen kann.*

*Oben rechts: Bei kaltem Wetter legt man eine Decke auf und läßt das Pferd Schritt gehen, so daß es locker bleibt, bis man an der Reihe ist.*

*Unten: Rund um den Turnierplatz gibt es vieles, was ein Pferd ablenken kann. Bevor man den Platz betritt, muß man dem Pferd viel Zeit geben, sich umzusehen und sich an alles zu gewöhnen.*

*Links: Wenn man auf der Straße reitet, achtet man darauf, daß sich das Pferd geradeaus vorwärtsbewegt. Gamaschen und vor allem Karpalgelenksschützer sind eine sinnvolle Vorsichtsmaßnahme.*

*Unten: Im flotten Trab einen Hügel hinauf. Arbeit bergauf und bergab ist eine der besten Methoden, ein Pferd in Form zu bringen. An den Vorderbeinen trägt das Pferd Gamaschen und Sprungglocken.*

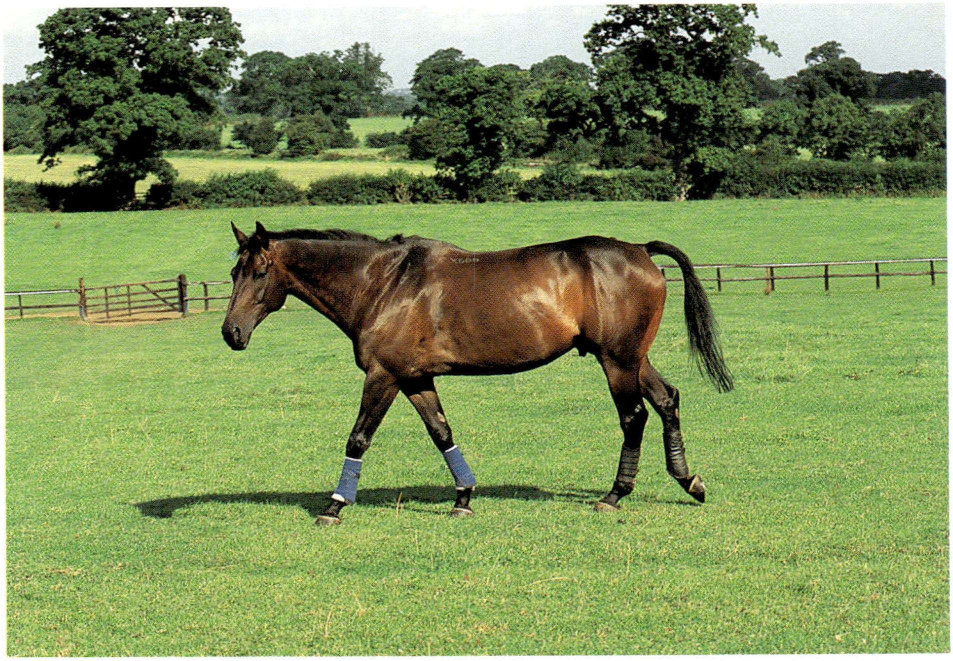

*Oben: Auch Turnierpferde müssen regelmäßig auf die Weide kommen, damit sie sich entspannen können. Zum Schutz vor Verletzungen sollten sie aber immer mit Gamaschen oder Bandagen ausgerüstet sein.*

*Unten: Wenn ein Pferd auch im Winter intensiv gearbeitet werden soll, muß man es scheren. Zum Schutz des Rückens läßt man dabei das Fell in der Sattellage unangetastet.*

*Oben: Die Fähigkeit, aus einer engen Wendung heraus ein Hindernis anzureiten, kann im Stechen über Sieg oder Niederlage entscheiden.*

*Unten: Das schräge Überspringen eines Hindernisses ist eine andere gute Methode, um im Stechen wertvolle Sekunden einzusparen.*

*Die Reiterin hat das Pferd darauf vorbereitet, über dem Hindernis den Galopp zu wechseln. Dadurch spart sie Zeit.*

abwechslungsreich gestalten, indem man sich an verschiedenen Stellen auf dem Springplatz zwei oder drei Hindernisse mit jeweils einer vorgelegten Stange aufbaut.
In diesem Stadium beschränkt man sich noch auf niedrige Hindernisse – 75 bis 90 Zentimeter sind völlig ausreichend. Das Ziel des Ganzen ist es, den eigenen Reitstil zu verbessern und nicht, auszuprobieren, wie hoch das Pferd springen kann. Wenn man wirklich das Gefühl hat, daß man jetzt bereit ist, etwas Größeres anzupacken, dann ist es besser, die Hindernisse breiter – also tiefer – zu machen statt sie zu erhöhen. Oxer (Hochweitsprünge) ermuntern das Pferd, mit rundem Rücken zu springen, und das wiederum verbessert auch die Technik des Reiters.
Man sollte daran denken, dem Pferd eine Absprunghilfe zu geben, damit es seinen Sprung besser abschätzen kann. Bei einer Mauer kann das Pferd deutlich sehen, wo der Boden aufhört und das Hindernis anfängt. Im Gegensatz dazu kann man ihm das Taxieren bei einem Stangensprung von 90 Zentimetern Höhe viel leichter machen, wenn man entweder direkt unter oder etwas vor dem Hindernis eine Stange auf den Boden legt. Man darf dem Pferd niemals eine falsche Absprunghilfe geben – etwa durch eine Stange auf dem Boden, die weiter hinten liegt als die oberste Stange des Hindernisses. Eine solche falsche »Absprunghilfe« bringt das Pferd durcheinander, so daß es leicht Fehler macht.

Wenn man diese etwas höheren Einzelhindernisse problemlos überwinden kann, vergrößert man den Abstand der Vorlegstange zum Hindernis auf etwa dreizehneinhalb bis vierzehn Meter. Nun kann das Pferd zwischen Stange und Hindernis drei Galoppsprünge machen. Das ist der nächste Schritt, um sich auf das Anreiten von Hindernissen im Galopp vorzubereiten. Die Vorlegstangen reitet man aber weiterhin im Trab an, so daß das Pferd auf keinen Fall unkontrolliert auf die Hindernisse zustürmen kann.
Die letzte Stufe sieht dann so aus, daß man kleinere Hindernisse ohne Vorlegstange springt. Anfangs sollte man sie im Trab anreiten – wenn die Hindernisse nicht höher sind als 90 Zentimeter, dürfte das Pferd mit dem Überspringen keine Probleme haben. Danach kann man versuchen, die Hindernisse im gleichmäßigen Galopp anzureiten. Dabei sollte man daran denken, daß eine kontrollierte, rhythmische Gangart gefragt ist und nicht Renngalopp über den halben Platz.

## WEITERE ÜBUNGEN

Man kann seine springreiterlichen Fähigkeiten auf viele Arten verbessern, bevor man auf sein erstes Turnier geht. Springreihen, die gänzlich aus In-Outs bestehen, sind für Reiter und Pferd eine ausgezeichnete Lockerungsübung, die man leicht zu Hause durchführen kann. Die Springreihe kann aus hochgestellten Cavaletti beste-

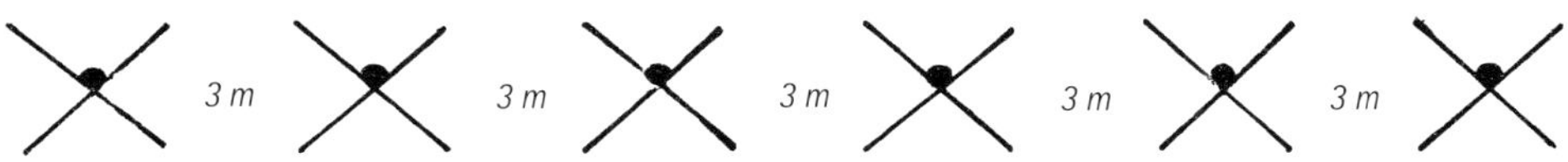


*Eine Springreihe aus Cavaletti, die als In-Outs gesprungen werden, ist eine vorzügliche Lockerungsübung.*

## Richtungsänderungen

Wenn man das Turnierreiten halbwegs ernsthaft betreiben möchte, wird man lernen müssen, wie man einen fliegenden Galoppwechsel reitet. Nur so kann man mit den vielen Richtungswechseln, die in jedem durchschnittlichen Turnierparcours auftreten, zurechtkommen, ohne ständig aus dem Tritt zu geraten.

Anfangs kann man ganz einfach vom Galopp kurz zum Trab durchparieren und auf der anderen Hand wieder angaloppieren. Eine gute Möglichkeit, das zu üben, ist die folgende: Vier Hindernisse werden auf einer großen Achterlinie aufgestellt, fünfeinhalb Meter vor jedem Hindernis liegt eine Vorlegstange.

Die erste Stange reitet man im Trab an, läßt das Pferd nach dem Überspringen des Hindernisses einige Galoppsprünge machen und pariert zum Trab durch, bevor man das zweite Hindernis anreitet. Man wiederholt das Ganze und reitet in einem großen Bogen im Trab das dritte Hindernis an. Auch hiernach pariert man wieder zum Trab durch, bevor man das vierte Hindernis angeht. Wenn man diese Übung beherrscht, legt man einige oder alle Vorlegstangen ein Stück weiter vom Hindernis weg, so daß vor den Hindernissen Platz für drei Galoppsprünge ist.

Im nächsten Schritt entfernt man die Vorlegstangen vor dem zweiten und dem vierten Hindernis ganz. Diese beiden Hindernisse plaziert man jetzt so hinter dem ersten und dem dritten Hindernis, daß eine bestimmte Anzahl von Galoppsprüngen dazwischenliegt – zum Beispiel sieben oder acht, wobei der Galoppsprung eines Pferdes ungefähr 3,6 Meter und der eines Ponys etwa 2,7 Meter lang ist. Nun reitet man also die vorgelegte Stange vor dem ersten Hindernis im Trab an und galoppiert dann zum zweiten Hindernis. Für die Wendung in Richtung des dritten Hindernisses pariert man zum Trab durch und trabt bis zur vorgelegten Stange, dann beendet man die Übung im Galopp.

Schließlich kann man alle vier Hindernisse im Galopp und ohne Vorlegstangen überwinden. Für den Galoppwechsel pariert man nach dem zweiten Hindernis kurz zum Trab durch und galoppiert auf der anderen Hand wieder an, wenn man gerade in die Wendung geht. Hier erweist sich die dressurmäßige Ausbildung als unschätzbar wertvoll – wenn man jetzt gute Übergänge vom Galopp zum Trab und vom Trab zum Galopp reiten und dem Ganzen eine saubere Wendung folgen lassen kann, wird man sein Pferd weiterhin im Gleichgewicht halten können. Dadurch wird es für das nächste Hindernis noch jede Menge Schwung haben.

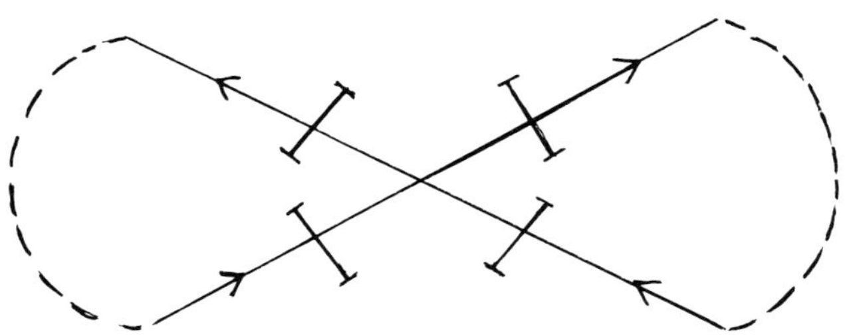

*Beim Springen von Hindernissen auf einer Achterlinie lernen Pferd und Reiter, mit Richtungswechseln zurechtzukommen.*

hen oder aus niedrigen Hindernissen von nicht mehr als 45 bis 60 Zentimetern Höhe. Sie sollten in Abständen von ungefähr drei Metern aufgestellt werden, so daß das Pferd nicht genügend Platz hat, um dazwischen einen Galoppsprung zu machen. Man fängt mit einer Reihe von drei Sprüngen an und steigert sich allmählich auf sechs. Die Springreihe wird im gleichmäßigen Galopp geritten.

Als Feuerprobe kann man schließlich die ganze Springreihe ohne Zügel oder Steigbügel reiten. Aus Sicherheitsgründen sollte man das aber nur in einer geschlossenen Bahn und unter der Aufsicht eines Reitlehrers tun.

Springen auf dem Zirkel ist eine weitere wertvolle Übung. Sie sorgt beim Pferd für Losgelassenheit und bereitet Pferd und Reiter auf Richtungswechsel vor. Diese Art des Springens ermüdet das Pferd stärker als das Springen auf geraden Linien. Deshalb sollte man jeweils nur kurz so springen und das Pferd immer zuerst auf seiner biegsameren Seite arbeiten.

Dazu legt man zwei oder drei Stangen auf einem Zirkel fächerförmig auf den Boden. Auf der Innenseite des Zirkels sollten sie einen Abstand von ungefähr 120 Zentimetern haben, auf der Außenseite liegen sie je nach Trittlänge des Pferdes ungefähr 150 bis 180 Zentimeter weit auseinander. Anfangs geht man im Schritt auf beiden Händen über die Mitte der Stangen, anschließend versucht man es in einem schönen taktreinen Trab. Man kann die Anzahl der Stangen allmählich auf fünf bis sechs erhöhen.

Im Lauf der Zeit kann man die Stangen etwas hochlegen oder sie durch niedrig gestellte Cavaletti ersetzen. Wenn man diese Übung schön taktrein reiten kann, läßt man das Pferd nach der Stangenreihe angaloppieren. Ist es gut im Gleichgewicht, so wird es jetzt fast immer im richtigen Galopp anspringen, also im Rechtsgalopp, wenn man auf der rechten Hand arbeitet, und im Linksgalopp, wenn man seine Kreise auf der linken Hand gedreht hat.

Als nächstes baut man sich in der Mitte des Platzes, parallel zu den langen Seiten, einen kleinen Kreuzsprung auf. Dann übt man, erst auf der linken und dann auf der rechten Hand auf beiden Zirkeln zu reiten,

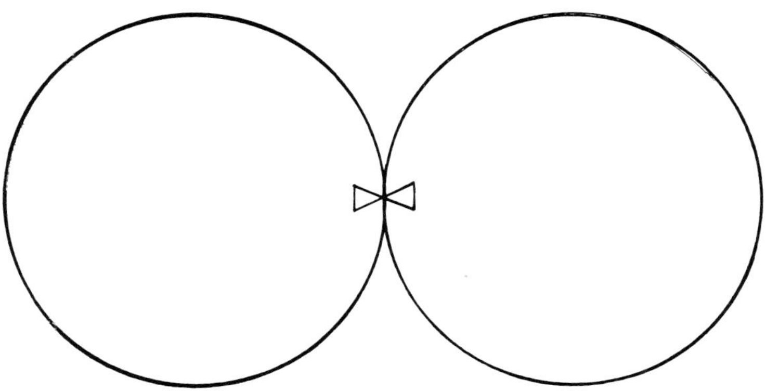

*Das Springen eines Kreuzsprungs beim Wechsel aus dem Zirkel ermuntert das Pferd dazu, im richtigen Galopp zu landen.*

wobei man den niedrigen Sprung an der Stelle nimmt, an der die zwei Zirkel sich berühren. Den ersten Zirkel reitet man im Trab auf der Hand, auf der sich das Pferd besser biegen kann. Beim Sprung über das Hindernis gibt man dann die Hilfen zum Galopp.

Wenn man sich auf einem Zirkel auf der rechten Hand befindet, stellt man den Kopf des Pferdes mit der rechten Hand leicht nach innen und legt den linken Schenkel hinter dem Gurt an. Beim Landen und Weiterreiten im Galopp sollte man sich dann im Rechtsgalopp befinden.

Zunächst übt man die Zirkel auf beiden Händen, dann versucht man, eine Acht zu reiten. Das bedeutet, daß man beispielsweise einen Zirkel auf der linken Hand reitet und in dem Moment, in dem das Pferd über das Hindernis springt, die Hilfen zum Rechtsgalopp gibt. Mit etwas Übung sollte man dabei merken, daß das Pferd mitten in der Luft den Wechsel durchführt, wenn man ihm deutlich macht, in welche Richtung es sich nach der Landung bewegen soll. Wenn man professionellen Springreitern zusieht, wird man feststellen, daß das bei ihnen immer klappt. Die Fähigkeit, das Pferd im richtigen Galopp landen zu lassen, ist eine große Hilfe, wenn man einen Parcours springen möchte.

## VERSCHIEDENE HINDERNISSE

Es gibt verschiedene Arten von Parcourshindernissen, die unterschiedliche Anforderungen an Pferd und Reiter stellen. Selbst in E-Springen wird der Parcoursbauer eine Vielzahl verschiedener Hindernisse aufstellen. Deswegen ist es sehr wichtig, schon zu Hause mit verschiedenen Hindernisarten zu üben, so daß man auf dem Turnier weiß, wie man sie anreiten muß.

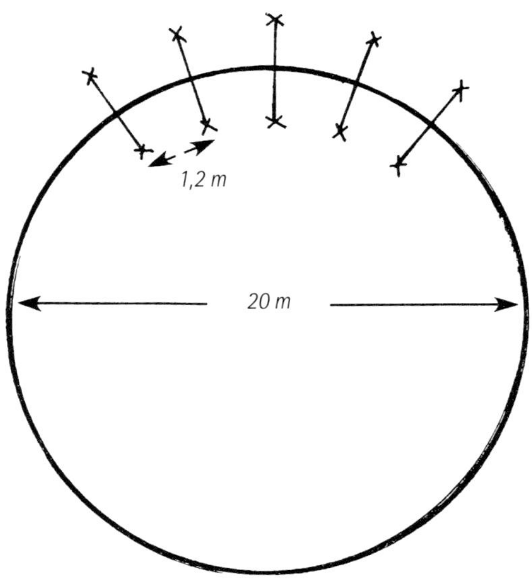


*Das Traben über Cavaletti auf dem Zirkel ist eine gute Übung, um das Pferd geschmeidiger zu machen.*

## *Steilsprünge*

Bei Steilsprüngen liegen alle Stangen oder Planken auf einer senkrechten Ebene, also eine unmittelbar über der anderen. Auch Mauern und Gatter sind Steilsprünge. Solche Hindernisse sind für das Pferd am schwierigsten genau zu taxieren. Der Grund dafür liegt darin, daß das Pferd seinen Absprungpunkt für ein Hindernis mit Hilfe der Linie abschätzt, an der der Boden aufhört und das Hindernis anfängt, also mit Hilfe der Unterkante des Hindernisses. Deswegen wird es vor einem Steilsprung eher zu dicht abspringen, während es an ein nach hinten gestaffeltes Hindernis wie eine Triple-Barre weniger leicht zu nahe herankommt.

Um einen Steilsprung erfolgreich zu überwinden, muß das Pferd den höchsten Punkt seiner Sprungkurve genau über dem höchsten Punkt des Hindernisses erreichen.

Wenn es zu nahe am Hindernis abspringt, wird es wahrscheinlich einen Vorhandfehler machen. Springt es dagegen aus zu großer Entfernung ab, so ist ein Hinterhandfehler wahrscheinlich. Beim Üben von Steilsprüngen zu Hause kann man es dem Pferd einfacher machen, indem man kurz vor dem Hindernis eine Stange auf den Boden legt.

Man muß sich darauf konzentrieren, das Hindernis so genau wie möglich anzureiten. Wenn das Pferd darauf zugaloppiert, soll es in sich völlig gerade sein und schwungvoll gehen, aber nicht eilen. Man muß Takt und Gleichgewicht des Galopps bewahren und darf nicht versuchen, in letzter Sekunde noch Änderungen vorzunehmen, die nur das Pferd aus der Balance bringen und es wahrscheinlich dazu veranlassen würden, einen Fehler zu machen.

Man sollte außerdem daran denken, daß das Pferd nach einem Steilsprung steiler aufkommt als nach einem Oxer. Das hat auch Einfluß auf den ersten Galoppsprung nach dem Hindernis, der recht kurz wird. Das sollte man berücksichtigen, wenn man auf dem Turnier beim Abgehen des Parcours die Distanzen zwischen den Hindernissen abmißt.

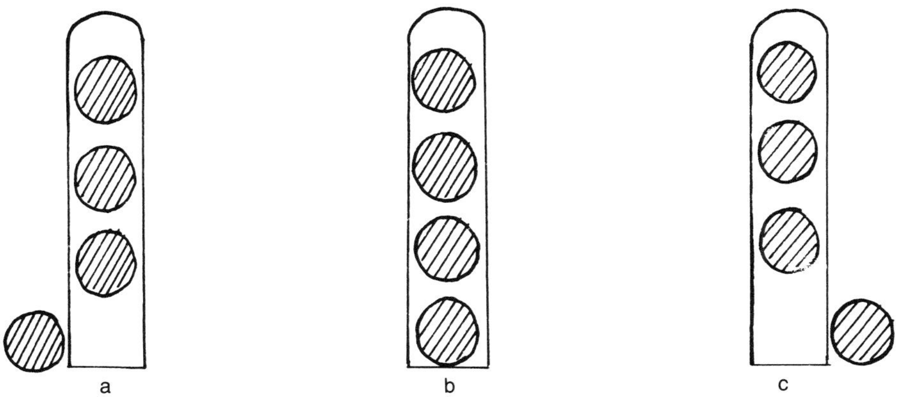


*Stangen-Steilsprung mit Absprung von links: (a) leicht, weil mit korrekter Absprunghilfe; (b) etwas schwieriger; (c) falsch*

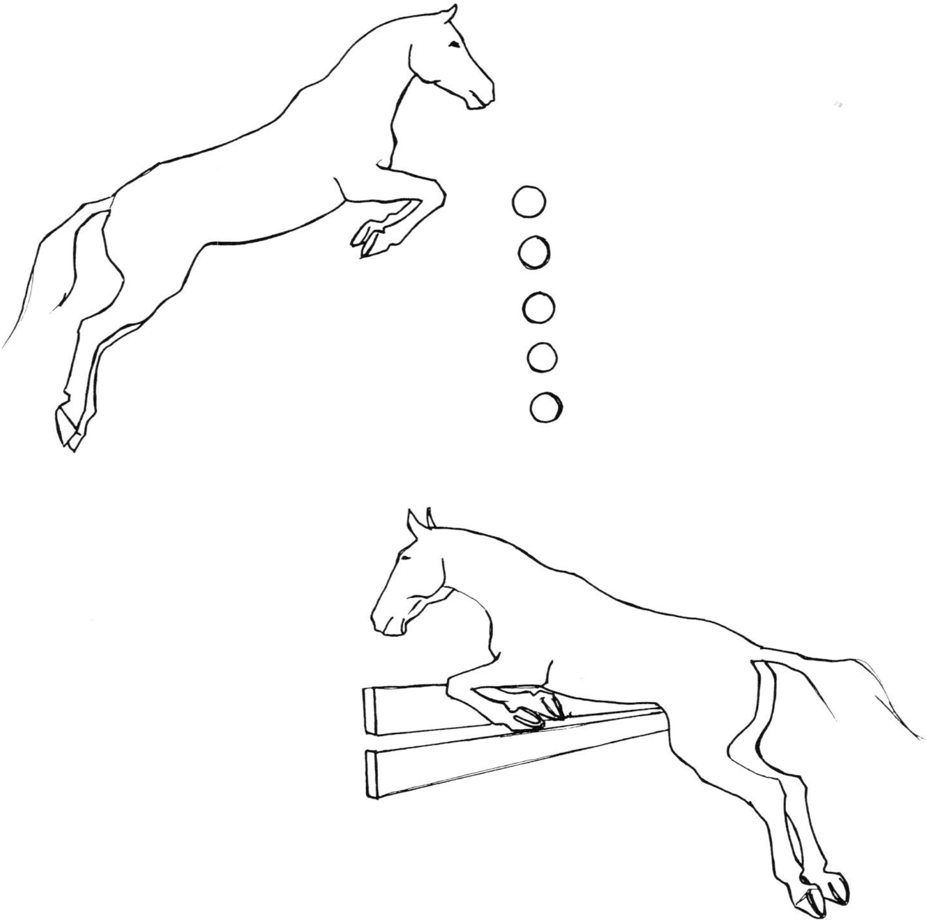

*Oben: Das Pferd ist zu weit vom Hindernis entfernt: Es wird vermutlich einen Hinterhandfehler machen.*
*Unten: Zu nahe am Sprung: Das Pferd wird einen Vorhandfehler machen.*

## *Triple-Barre*

Die Triple-Barre ist ein Hochweitsprung aus drei hintereinandergestellten Hindernissen, die von vorne nach hinten gleichmäßig immer höher werden. Für ein Pferd ist ein solches Hindernis viel einfacher als ein Steilsprung, weil es denselben »Bogen« aufweist, den das Pferd beim Springen ohnehin beschreibt. Es muß die Vorderbeine beim Absprung nicht ganz so schnell anziehen und landet nicht so steil wie nach einem Steilsprung, so daß es auch den ersten Galoppsprung nach dem Hindernis länger machen kann.
Trotzdem braucht das Pferd jede Menge Schwung, um das Hindernis in seiner Weite zu überwinden. Man sollte es ermuntern,

*Die Triple-Barre ist ein Hochweitsprung.*

ziemlich nahe an der vordersten Stange abzuspringen.
Für den Reiter ist es hilfreich, wenn er sich beim Anreiten auf die *mittlere* Stange einer Triple-Barre konzentriert. Das verringert die Wahrscheinlichkeit, daß er das Pferd zu früh zum Absprung auffordert.
Wenn man unter die vorderste Stange Unterbauten wie eine niedrige Mauer oder eine Bürste stellt, sieht der ganze Sprung stabiler aus. Das wiederum veranlaßt ein Pferd vielleicht eher zum Zögern, so daß man ein solches Hindernis mit besonders viel Schwung anreiten muß, um ein mögliches Stutzen des Pferdes auszugleichen.

## *Oxer*

Bei einem normalen Oxer liegt die vordere Stange niedriger als die hintere. Dieses Hindernis ist leichter zu springen als eines, bei dem beide Stangen auf gleicher Höhe liegen (Karree-Oxer). Zum Überspringen aller Hochweitsprünge braucht das Pferd jede Menge Schub. Obwohl man es beim Anreiten an einen solchen Sprung mit den Schenkeln vorwärts treiben muß, darf man es nicht schneller werden lassen. Wenn man das tut, wird es zuviel Gewicht auf die Vorhand bringen und kann so das Hindernis nicht überwinden. Ebenso wie bei der Triple-Barre darf das Pferd beim normalen Oxer nicht zu früh abspringen, weil es sonst nicht über die hintere Stange kommt. Andererseits darf es nicht so spät abspringen, daß es mit den Karpalgelenken oder mit den Vorderhufen die vordere Stange abwirft.
Beim Üben zu Hause baut man sich verschiedene kleine Oxer auf, die denen ähneln, mit denen man es auf dem Turnier zu tun haben wird. Wenn man genügend Material hat, kann man für den vorderen Teil nicht nur Stangen, sondern auch Planken verwenden, oder man kann eine Mauer oder einen Bürstensprung mit einer Stange darüber aufbauen. Aus Gründen der Sicherheit verwendet man für den hinteren Teil eines Oxers nie etwas anderes als eine einzelne Stange, die auch nie unterbaut sein darf.

*Ein normaler Oxer ist leichter zu springen als ein Karree-Oxer.*

## *Karree-Oxer*

Beim Karree-Oxer liegt die hintere Stange auf derselben Höhe wie die vordere Stange. Von allen Hochweitsprüngen ist das der schwierigste, weil hier die Fähigkeiten und die Springmanier des Pferdes viel stärker gefordert werden als beim normalen Oxer. Einen normalen Oxer kann ein Pferd oft selbst dann noch ohne Fehler überwinden, wenn es etwas flach springt, aber bei einem Karree-Oxer sind exaktes Anreiten und eine gute Manier über dem Hindernis unerläßlich.

Man muß sicherstellen, daß das Pferd beim Anreiten an das Hindernis gut im Gleichgewicht ist und taktreine und schwungvolle Sprünge zeigt. Wenn es die Vorderbeine nicht schnell genug anzieht oder die Hinterbeine hängen läßt, wird es an der vorderen Stange einen Fehler machen. Achtet es nicht darauf, die Hinterbeine während der Schwebephase anzuheben und zu strecken, so wird es beim Aufkommen die hintere Stange berühren.

Beim Aufbau von Karree-Oxern und von anderen Hochweitsprüngen muß man immer daran denken, daß man keine falsche Absprunghilfe vorgeben darf. So ist zum Beispiel ein Karree-Oxer mit Stangen vorne, einer Bürste in der Mitte und einer Stange hinten für ein E-Springpferd zu schwierig, weil es sich zum Taxieren des Absprungpunktes an der Unterkante der Bürste orientieren und damit zu nahe am Hindernis abspringen wird.

Wenn man einen stabil aussehenden Karree-Oxer dieser Art aufbauen will, dann sollte man auch die vorderen Stangen unterbauen, so daß die Unterkante irgendwelcher »Mittenfüller« verdeckt wird.

## *Kombinationen*

Wenn Hindernisse so nahe beieinander aufgestellt werden, daß dazwischen nur

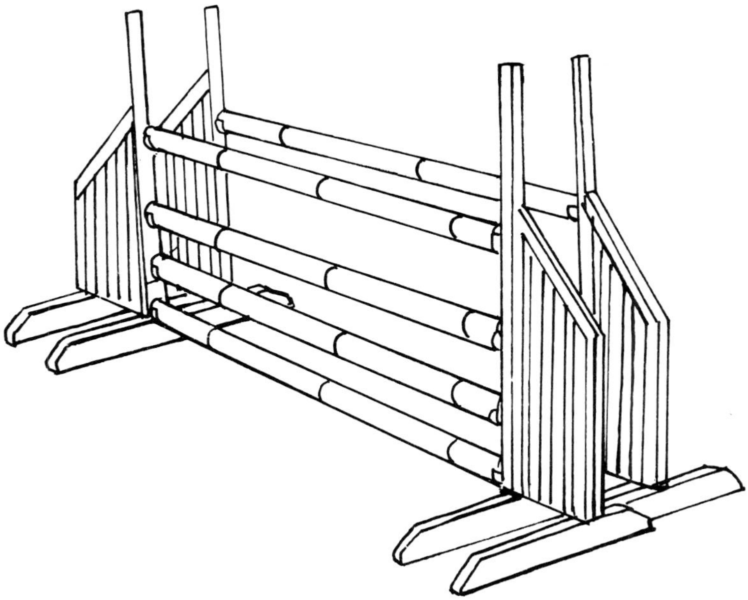

*Ein Karree-Oxer ist springtechnisch das schwierigste Hindernis.*

für ein oder zwei Galoppsprünge Platz ist, nennt man sie Kombinationen. Eine zweifache Kombination besteht aus zwei Hindernissen, eine dreifache aus drei Sprüngen. Bei internationalen Wettbewerben stellen die Parcoursbauer die Reiter oft vor schwierigste Probleme, indem sie bestimmte Hindernisse in einer bestimmten Reihenfolge und mit bestimmten Abmessungen dazwischen anordnen. Im E-Springen werden bei den Abmessungen allerdings noch keine Probleme eingebaut – vorausgesetzt, das erste Hindernis wird richtig angeritten!

Selbst auf E-Niveau finden sich im Parcours zweifache Kombinationen, und bald muß man auch dreifache Kombinationen in Angriff nehmen. Es ist also sinnvoll, das zu Hause zu üben, bevor man auf Turniere geht. Am wichtigsten sind dabei die Art der Hindernisse und die Abmessungen dazwischen. Man muß unbedingt lernen, Abmessungen in Kombinationen zu Fuß abzuschreiten, so daß man ermitteln kann, wie viele Galoppsprünge das Pferd dafür brauchen wird. Auf E-Niveau werden die Parcoursbauer die Abstände so bemessen, daß sie dem durchschnittlichen Galoppsprung eines Pferdes oder eines Ponys entsprechen – also etwa 3,6 Meter für Pferde und 2,7 Meter für Ponys.

In einer zweifachen Kombination aus zwei Steilsprüngen mit einem Galoppsprung dazwischen wird so die Abmessung für ein Pferd ungefähr 7,3 Meter betragen. Damit hat das Pferd genügend Platz, um ungefähr 1,8 Meter hinter dem ersten Hindernis zu landen, einen normalen Galoppsprung zu machen und etwa 1,8 Meter vor dem zweiten Hindernis wieder abzuspringen. Für

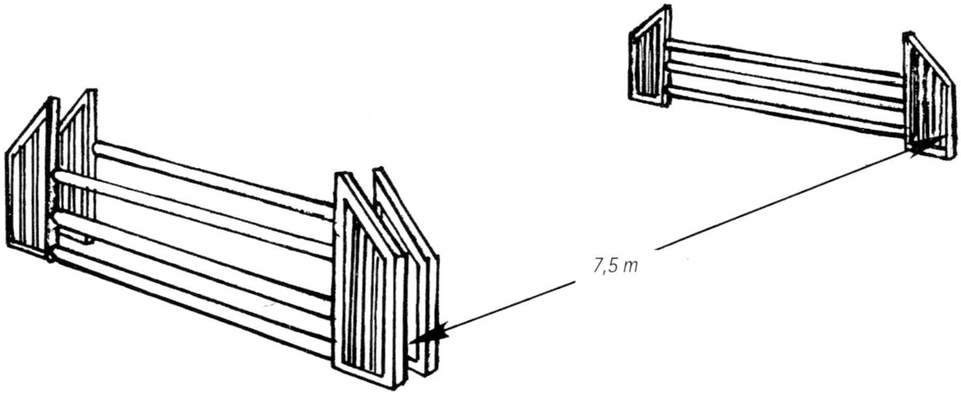


*Eine zweifache Kombination aus einem normalen Oxer und einem Steilsprung mit der Abmessung für einen Galoppsprung dazwischen.*

zwei Galoppsprünge innerhalb der Kombination beträgt die Abmessung ungefähr 10,5 Meter.

Der Reiter muß also ermitteln, wie lang seine eigenen Schritte sind und dann zu Hause üben, die Abstände zwischen den Hindernissen einer Kombination abzuschreiten. Dazu stellt man sich mit dem Rücken zur Landeseite des ersten Hindernisses und bemüht sich, bis zum nächsten Hindernis mit gleichmäßigen Schritten zu gehen. Man wird merken, daß man seine Schritte besser gleich lang halten kann, wenn man auf den Boden sieht und nicht zum nächsten Hindernis.

Wenn man ein Pferd hat, dessen Galoppsprünge kürzer sind als beim Durchschnitt, dann weiß man jetzt, daß man es in einer zweifachen Kombination mit einer Abmessung von 7,3 Metern dazu bringen muß, den Galoppsprung zu verlängern. Nur so kann man das zweite Hindernis am richtigen Punkt für den Absprung erreichen. Wenn es längere Galoppsprünge hat als üblich, wird man sorgfältig darauf achten müssen, daß es den Sprung über das erste Hindernis nicht zu weit nimmt. Außerdem muß man darauf vorbereitet sein, es zwischen den zwei Hindernissen nur einen verkürzten Galoppsprung machen zu lassen.

Zum Üben zu Hause kann man sich unkomplizierte zwei- und dreifache Kombinationen aufbauen. Dabei muß man die Abstände sorgfältig abmessen und sollte nur Steilsprünge, normale Oxer und kleine Karree-Oxer benutzen. Triple-Barren sind in Kombinationen zu schwierig für Pferde auf E-Niveau.

Wenn man einen Hochweitsprung aufbaut und dahinter einen Steilsprung, dann muß der Abstand dazwischen etwas größer sein (ungefähr 7,5 Meter), weil das Pferd nach dem ersten Sprung weiter vom Hindernis entfernt landet als nach einem Steilsprung. Wenn man einen Steilsprung mit einem Hochweitsprung dahinter baut oder wenn man zwei Hochweitsprünge aneinanderreiht, verringert man die Abmessung etwas.

*Man muß zu Hause lernen, die Distanzen in Kombinationen abzuschreiten, damit man auf dem Turnier den Parcours richtig abgehen kann.*

Man sollte daran denken, daß es verschiedene Faktoren gibt, die die Länge des Galoppsprungs verändern können. Wenn der Boden schlammig ist, kann der Galoppsprung dadurch bis zu 30 Zentimeter kürzer werden. Das gleiche kann beim Bergaufspringen oder in einer geschlossenen Bahn, zum Beipiel in der Reithalle, passieren. Oft zeigt ein Pferd auch verkürzte Sprünge, wenn es auf dem Turnier in die Richtung galoppiert, in der es sich vom Ausgang entfernt.

Auch umgekehrt passiert das: Die Galoppsprünge können bis zu 30 Zentimeter länger werden, wenn das Pferd auf gutem Boden oder leicht bergab unterwegs ist, wenn es auf einem großen Platz springt oder sich in Richtung des Ausgangs bewegt.

Gute Parcoursbauer berücksichtigen diese Faktoren beim Turnier, und das gleiche sollte man beim Aufbau von Übungssprüngen zu Hause auch tun.

## PARCOURSAUFBAU

Bevor man auf ein Turnier geht, sollte man zu Hause einige Male einen kleinen Parcours reiten. Wenn man genug Material hat, sollte man versuchen, acht bis zehn Hindernisse aufzubauen, unter denen mindestens eine zweifache Kombination sein sollte. An den Anfang stellt man einen einfachen normalen Oxer, der dem Pferd

Selbstvertrauen gibt. Danach wechselt man zwischen Steilsprüngen und Hochweitsprüngen ab und nimmt auch eine Triple-Barre mit hinein.

Die Hindernisse müssen so stabil wie möglich aussehen. Auch Richtungswechsel sollten vorkommen, aber nicht in Form von scharfen, unangenehmen Wendungen. Dann versucht man, den ganzen Parcours fließend zu nehmen, also immer schön gleichmäßig vorwärts zu reiten.

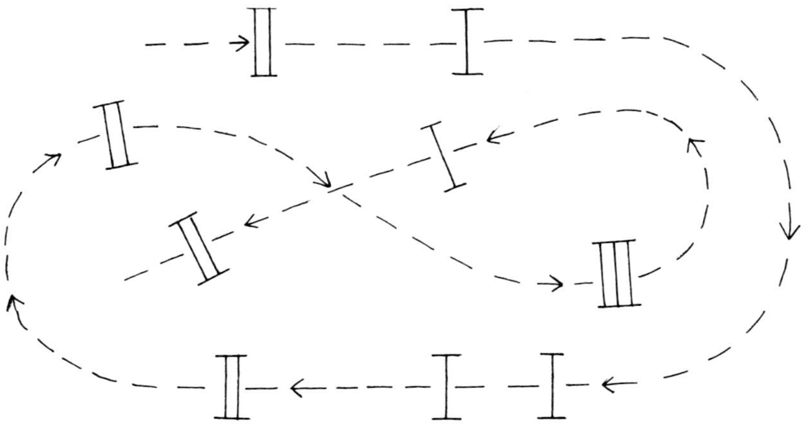

*Ein einfacher Übungsparcours. Man beginnt mit einem einfachen Oxer und achtet darauf, daß Richtungswechsel vorkommen.*

# 6

# Häufige Probleme

Ein guter Reiter auf einem gut ausgebildeten Pferd sollte beim Springreiten nicht mit allzu vielen Problemen konfrontiert werden.
Aber wie in allen Bereichen des Umgangs mit Pferden kann es auch hier Dinge geben, die nicht genau nach Plan verlaufen, und von Zeit zu Zeit muß man einfach mit dem einen oder anderen Problem rechnen.

Meistens sind Probleme, zum Beispiel das Stehenbleiben und das seitliche Vorbeilaufen am Hindernis, in Reiterfehlern begründet.
Vielleicht macht man bei der Hilfengebung einen grundlegenden Fehler, oder man fordert während der Ausbildung zu schnelle Fortschritte von seinem Pferd.

Vielleicht hat man auch einfach nur ein Problem geerbt, das ein anderer Reiter des Pferdes verursacht hat. Wo auch immer die Schwierigkeiten liegen: Man muß ihre Ursachen herausbekommen, sich nötigenfalls von erfahreneren Personen Rat holen und dann darangehen, das Problem zu beheben.
Und das bedeutet immer, daß man wieder bei der Grundschule anfängt.

Mit Abkürzungen und Hilfsmitteln ist selten etwas zu erreichen.

## DAS PFERD STÜRMT LOS

### *Ursachen*

Bei Pferden, die schneller werden, sobald sie ein Hindernis vor sich sehen, denkt man oft, sie seien besonders eifrig. Unerfahrene Reiter reagieren dann oft instinktiv, indem sie sich in die Zügel hängen, um das Hindernis etwas kontrollierter anreiten zu können. Tatsächlich wird dieses Problem aber meistens nicht dadurch verursacht, daß das Pferd zuviel Selbstvertrauen hat, sondern im Gegenteil dadurch, daß es ihm an Selbstvertrauen *mangelt* – und das wiederum bedeutet, daß der Reiter irgendwo im bisherigen Verlauf der Springausbildung etwas falsch gemacht hat.
In einem solchen Fall ist es mehr als wahrscheinlich, daß das Pferd zu bald zuviel gesprungen wurde und daß man es auf Hindernisse zugeritten hat, obwohl es nicht im Gleichgewicht war und nicht genügend Schwung hatte. Das Ergebnis ist, daß das Pferd diese ganze Sache mit dem Hochspringen ziemlich angsteinflößend findet und sie so schnell wie möglich hinter sich bringen will.

### *Abhilfe*

Zunächst muß man das Selbstvertrauen des Pferdes wieder herstellen. Dabei sollte man es dazu ermuntern, sich zu entspannen. Gleichzeitig muß man seinen Schwung aufbauen. Sobald das Pferd nur die geringsten Anstalten macht, auf ein Hindernis loszustürmen, muß man mit dem Springen über hintereinandergestellte Hindernisse aufhören und zu den Anfängen zurückkehren: zu Bodenstangen, kleinen Springreihen und niedrigen Einzelsprüngen. Dem Pferd wird das Springen nur dann leichtfallen, wenn es beim Anreiten an einen Sprung wirklich vorwärts geht. Dabei muß man immer daran denken, daß Schwung nicht dasselbe ist wie Schnellerwerden.

Bodenstangen und Springreihen tragen dazu bei, das Pferd beim Springen ruhiger zu machen. Dann springt es auch runder (mit besserer Bascule), so daß es für den Reiter leichter ist, es im Gleichgewicht zu halten und zum Treiben zu kommen. Wenn es diese Bodenstangen und Springreihen kontrolliert überwindet, kann man anfangen, es über niedrige Einzelsprünge zu reiten. Sobald man ein Hindernis übersprungen hat, beruhigt man das Pferd wieder, indem man es auf dem Zirkel reitet oder es, falls nötig, sogar zum Schritt durchpariert, bevor man den nächsten Sprung anreitet. Wenn es auch nur die geringsten Anzeichen zum Losstürmen zeigt, reitet man weiterhin vor jedem Hindernis auf dem Zirkel und fordert das Pferd erst dann zum Springen auf, wenn es ruhig und im Gleichgewicht geht. Die Anreitstrecke an ein Hindernis muß immer *kurz* sein.

Es kann lange dauern, ein Pferd zu korrigieren, das sich das Losstürmen angewöhnt hat, aber diese Geduld wird am Ende belohnt. Wenn man ein Pferd erst einmal davon überzeugt hat, daß es vor dem Springen keine Angst zu haben braucht, wird es damit zufrieden sein, die Hindernisse in aller Ruhe anzugehen. Dann wird es sich vom Reiter auch kontrollieren und im Gleichgewicht treiben lassen.

## DAS PFERD BLEIBT STEHEN ODER LÄUFT AM HINDERNIS VORBEI

Ein Pferd kann aus den verschiedensten Gründen plötzlich den Sprung über ein Hindernis verweigern. Vielleicht hat es Schmerzen oder Angst. Es kann auch verwirrt sein oder gelangweilt, weil es Tag für Tag über dieselben altbekannten Hindernisse springen soll, oder es ist müde, weil es nicht gut genug in Form ist. Wenn das Pferd stehenbleibt oder am Hindernis vorbeiläuft, liegt die Ursache meistens in einem Reiterfehler und nicht darin, daß das Pferd widersetzlich oder stur ist. Idealerweise sollte man ein Pferd nie in eine Situation bringen, in der es verweigern will, aber ab und zu passieren einem einfach Fehler. Dann ist es wichtig, daß man überlegt, worin der Grund für das Verweigern liegt, und sich nicht einfach nur über das Pferd ärgert.

### *Ursache: Das Pferd hat Schmerzen*

Wenn ein Pferd, das normalerweise gut springt, plötzlich zu verweigern beginnt, bereitet ihm mit großer Wahrscheinlichkeit irgend etwas Beschwerden. Vielleicht war man so unvernünftig, es auf hartem oder unebenem Boden springen zu lassen. In diesem Fall kann es Schmerzen an den Hufen und/oder den Beinen haben. Auch Beschwerden im Maul oder am Rücken können ein Pferd zum Verweigern bringen.

### *Abhilfe*

Man muß herausfinden, wo das Pferd

Schmerzen hat. Dazu bittet man den Schmied, die Hufe des Pferdes zu überprüfen. Wenn dort kein Problem vorliegt, sollte der Tierarzt Beine und Rücken untersuchen. Auch die Zähne und alle Teile des Mauls müssen in Ordnung sein. Gebiß, Zaumzeug und Sattel müssen dem Pferd unbedingt passen. Auch wenn der Sattel gut paßt, darf man nie vergessen, darunter eine Satteldecke zu verwenden, die den Pferderücken abpolstert. Der Gurt muß darauf überprüft werden, ob er auch nicht zwickt.

## *Ursache: Mangelndes Vertrauen*

Schlechtes Reiten und das daraus entstehende mangelnde Vertrauen des Pferdes in seinen Reiter sind die Hauptgründe für Verweigerungen. Ob das Problem nun darin liegt, daß man vom Pferd erwartet, etwas zu springen, wofür es noch nicht ausreichend vorbereitet ist, oder ob man es beim Anreiten an das Hindernis nicht im Gleichgewicht halten kann – die Schuld liegt beim Reiter, nicht beim Pferd.

Falsche oder nicht ausreichende dressurmäßige Arbeit führt dazu, daß das Pferd nicht taktmäßig, im Gleichgewicht und schwungvoll auf das Hindernis zugaloppiert – es fehlen also die drei wichtigsten Elemente für erfolgreiches Springreiten. Wenn man das Pferd zu schnell an ein Hindernis heranreitet, ohne daß es die Hinterbeine unter den Körper setzt, oder wenn man die ganze Zeit in den Zügeln hängt, kommt es aus dem Gleichgewicht. Das gleiche passiert bei Reitern, die es sich angewöhnt haben, während der letzten Galoppsprünge vor einem Hindernis die Zügel »loszulassen«, so daß sie keinerlei Kontakt mehr zum Pferdemaul haben. Daneben gibt es auch Reiter, die nicht in der Lage sind, in gerader Linie auf ein Hindernis zuzusteuern. All diese Fehler erleichtern es dem Pferd, schnell zur Seite abzuschwenken, wenn es das Gefühl hat, daß das leichter sein könnte als zu springen.

Ein weiterer häufiger Fehler besteht darin, sich während des Anreitens zu stark nach vorne zu lehnen. Dadurch wird zuviel Gewicht auf die Vorhand des Pferdes verlagert, so daß das Bremsen für das Pferd beim Erreichen des Hindernisses leichter ist als das Abspringen.

Wenn man ein Pferd überfordert, von ihm

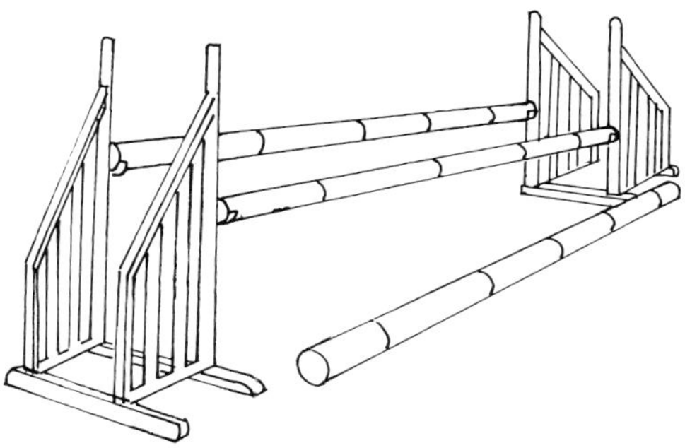

*Ein niedriger normaler Oxer mit einer richtig plazierten Absprunghilfe stärkt das Vertrauen des Pferdes.*

also das Überwinden von Hindernissen verlangt, für die es noch nicht bereit ist und die es einfach nicht überspringen kann, dann fordert man Schwierigkeiten natürlich heraus. Das gleiche gilt, wenn man ein Hindernis nur halbherzig anreitet. Pferde merken es schnell, wenn ihre Reiter Angst haben oder nicht entschlossen genug sind. Auch unsichere Bodenverhältnisse, die das Pferd beim Absprung ins Rutschen bringen, machen es unsicher.

### *Abhilfe*

Man muß wieder damit anfangen, sehr niedrige Hindernisse zu springen. Sie dürfen erst dann höher werden, wenn man sicher ist, daß das Pferd sein Vertrauen wiedergewonnen hat. Dressurmäßige Arbeit hilft dabei, Takt, Gleichgewicht und Schwung des Pferdes zu verbessern. Dazu trainiert man das Reiten über Bodenstangen und Springreihen.
Beim Anreiten eines Sprungs muß man ständigen Kontakt zum Pferdemaul halten. Außerdem sollte man üben, Hindernisse auf einer völlig geraden Linie anzureiten. Auf dem Turnier muß man normalerweise nur dann schräg springen, wenn man auf Zeit reitet. Auch die eigene Haltung im Sattel sollte man überprüfen: Man darf sich nicht weiter als nötig nach vorne lehnen, und man muß aufpassen, daß man nicht vor der Bewegung des Pferdes ist.
Nie darf man von einem Pferd fordern, etwas zu springen, das seine Fähigkeiten übersteigt – oder auch die des Reiters. Wenn man im Zweifel ist, ob die eigenen Fähigkeiten zum Überspringen eines bestimmten Hindernisses ausreichen, dann darf man es nicht springen. Das Pferd wird die Unsicherheit oder die Angst des Reiters sofort spüren und je nach Charakter selbst Angst bekommen oder die Unentschlossenheit des Reiters ausnutzen.
Wenn ein Pferd ein bestimmtes Hindernis nicht leiden kann, liegt das wahrscheinlich daran, daß man es überfordert hat, als es zum erstenmal mit diesem Hindernis konfrontiert wurde. Neue, unbekannte Hindernisse sollte man am Anfang immer sehr niedrig halten und daran denken, daß ein breites Hindernis mit Fängen und einer Absprunghilfe für ein Pferd viel einladender ist als ein schmaler, windiger Sprung. Man kann sein Pferd auch hinter einem erfahrenen Führpferd her über ein Hindernis reiten, vor dem es Angst hat. So sieht es, daß kein Grund zur Furcht besteht.
Je nach den Bodenverhältnissen sollte man das Pferd mit Stollen ausrüsten. Das ist vor allem dann wichtig, wenn man im Freien springt, wo rutschiger Untergrund einem Pferd wirklich angst machen kann.

### *Ursache: Übermäßiges Springen*

Wenn man gerade springen lernt, ist es nur natürlich, daß man immer weiter üben will, weil man neue Hindernisse ausprobieren und seinen Stil verbessern möchte. Das ist in Ordnung, wenn man einen ganzen Stall voller Pferde zur Verfügung hat. Hat man aber nur ein einziges Pferd, so kann man ihm kaum einen Vorwurf machen, wenn es das Springen schließlich satt hat. Ebenso wie Menschen sind auch Pferde zufriedener, wenn ihnen viel Abwechslung geboten wird.

### *Abhilfe*

Die Springstunden sollten kurz sein, und die Aufgabenstellung für das Pferd muß täglich verändert werden. Man darf nicht ständig in derselben Ecke des Springplatzes über dieselben paar Hindernisse springen. Abwechslung hält beim Pferd das

Interesse wach. Man muß immer dann mit dem Springen aufhören, wenn es dem Pferd noch Spaß macht. Man sollte nicht jeden Tag springen und der Versuchung widerstehen, zu oft auf Turniere zu gehen.

### *Ursache: Mangelnde Kondition*

Das Springen ist für ein Pferd ziemlich anstrengend. Man kann nicht erwarten, daß es gute Leistungen bringt und freudig bei der Sache ist, wenn es mühsam nach Luft ringt oder Muskelkater hat. Springpferde müssen nicht ganz so gut in Form sein wie beispielsweise Vielseitigkeitspferde, die viel im Renngalopp gehen müssen. Dennoch muß die körperliche Verfassung eines Springpferdes gut sein. Man sollte darauf achten, daß man diese Kondition allmählich aufbaut.

### *Abhilfe*

Es muß sichergestellt sein, daß das Pferd genügend energiehaltiges Futter bekommt, so daß es Kraftreserven für das Springtraining aufbauen kann. Es soll sich arbeitslustig und gut fühlen, ohne daß es deswegen nicht mehr zu halten ist. Es muß viel und regelmäßig dressurmäßig geschult werden, so daß seine Muskelkraft erhalten bleibt. Man darf niemals zuviel springen. Es ist besser, aufzuhören, solange das Pferd noch Freude am Springen hat, als es noch zu einer letzten Runde im Parcours zu zwingen. Man sollte auch daran denken, daß Ermüdung leicht zu Verletzungen führt.

### *Ursache: Ungehorsam*

Ab und zu will ein Pferd es einfach wissen und verweigert nur deshalb, weil es gerade seine widersetzlichen oder sturen fünf Minuten hat. Hier hängt viel vom Charakter des jeweiligen Pferdes ab. Vielleicht ist das Pferd von einem früheren Besitzer inkonsequent geritten worden und ist jetzt überzeugt, daß es auch mit seinem neuen Reiter machen kann, was es will.

### *Abhilfe*

Wenn man sich absolut sicher ist, daß alles in Ordnung ist – das Pferd, die Ausbildung und die eigene Reitweise -, dann kann man das Pferd für das Verweigern maßregeln. Entscheidet man sich für eine Strafe, so muß man das aber sehr schnell tun. Das Pferd soll in dem Augenblick, in dem man die Gerte einsetzt, immer noch direkt vor dem Hindernis stehen und nicht bereits vom Hindernis weglaufen. Die schlimmsten Reiter sind diejenigen, die das Pferd nach dem Verlassen des Platzes bestrafen. Zu diesem Zeitpunkt hat es schon längst vergessen, was es falsch gemacht hat, und es wird dem Reiter die Bestrafung zu Recht übelnehmen.

Wenn man ein Hindernis nach einem Verweigern erneut anreitet, kann man das Pferd mit besonderem Nachdruck antreiben, indem man die Stimme benutzt und die Gerte ein- oder zweimal an der Schulter einsetzt, so daß es nicht noch einmal stehenbleibt. Würde man versuchen, die Gerte hinter dem Sattel einzusetzen, so würde man das Pferd vermutlich aus dem Gleichgewicht bringen. Außerdem wird es dann wahrscheinlich von der Gerte weg zur Seite ausbrechen wollen. Man muß sich nur einmal Rennpferde im Finish ansehen, um zu sehen, wie schnell und wie weit manche Pferde der Gerte ausweichen. Pferde mit einem Hang zur Widersetzlichkeit oder Eigensinnigkeit brauchen starke Reiter. Das ist der Grund dafür, daß man sich mit großer Sorgfalt ein Pferd als

Partner aussuchen sollte, das wirklich zur eigenen Persönlichkeit und zu den eigenen reiterlichen Fähigkeiten paßt.

## DAS PFERD SPRINGT SCHRÄG

### *Ursache*

Wenn ein Pferd unbedingt mit einem Links- oder Rechtsdrall springen will, liegt die Ursache dafür wahrscheinlich in einer gewissen Steifheit. Man muß daran denken, daß Pferde ebenso wie Menschen als Rechts- oder Linkshänder geboren werden. Schmerzen im Rücken können ein Pferd ebenso dazu veranlassen, beim Springen in eine bestimmte Richtung zu tendieren.

### *Abhilfe*

Zunächst läßt man den Rücken des Pferdes untersuchen. Wenn es keine körperlichen Beeinträchtigungen hat, konzentriert man sich darauf, es auf beiden Seiten gleichmäßig geschmeidig zu machen. Zur dressurmäßigen Arbeit gehören dann unbedingt viele Schlangenlinien sowie Zirkel und Volten auf beiden Händen. Außerdem springt man niedrige Hindernisse, die auf der Zirkellinie stehen.

Um das Pferd gerade zu halten und ein Ausbrechen vor dem Sprung zu verhindern, ist es auch hilfreich, auf der Seite des Hindernisses, zu der das Pferd drängt, einen Fang anzubringen. Dazu legt man eine Stange so auf, daß das eine Ende in

*Dieses Pferd springt mit weggedrücktem Rücken und hochgeworfenem Kopf. So muß es sich mehr anstrengen als beim Springen mit gewölbtem Rücken (mit Bascule).*

einer Auflage liegt und das andere Ende am Boden.

## DAS PFERD SPRINGT MIT WEGGEDRÜCKTEM RÜCKEN

### *Ursache*

Wenn Hindernisse zu schnell angeritten werden oder das Pferd zu weit vom Hindernis entfernt abspringt, wird es im Sprung eher den Rücken flach machen, ihn also wegdrücken. In dieser Haltung ist die Wahrscheinlichkeit, daß es das Hindernis berührt, höher als beim Springen mit gewölbtem Rücken.

### *Abhilfe*

Wie immer reitet man zur Korrektur viel Dressur. Das Pferd kann ein Hindernis nicht mit der gewünschten Bascule, also mit gewölbtem Rücken, nehmen, wenn es im Galopp lange, flache Sprünge macht. Der Galopp muß kontrolliert sein, rund und voller Vorwärtsdrang, aber nicht eilig.
Man kann das Pferd dazu ermuntern, von selbst runder zu werden und sich stärker zu versammeln, indem man es über Bodenstangen und Springreihen reitet und dabei die Distanzen kurz hält. Zunächst springt man aus dem Trab, nicht aus dem Galopp, und legt vor den einzelnen Hindernissen Vorlegstangen auf den Boden. Dabei beginnt man mit einer Distanz, die das jeweilige Pferd als einfach empfindet, und bewegt die Stange dann allmählich näher an den Sprung heran, so daß es in geringerer Entfernung vom Hindernis abspringen muß.
Man springt das Pferd häufig über niedrige Karree-Oxer, die man allmählich weiter macht. Wenn man diese Hindernisse schön langsam und kontrolliert anreitet, muß sich das Pferd »fliegen lassen«, um den Weitsprung zu überwinden. Dazu muß es in der Luft den Kopf senken, die Schultern höher nehmen und den Rücken wölben.

## DAS PFERD WILL AUF DEM TURNIER NICHT IN DEN PARCOURS

### *Ursache*

Pferde sind von Natur aus Herdentiere. Manche gehen sehr ungern von der Herde – in diesem Fall vom Vorbereitungsplatz – weg, anderen macht das weniger aus. Bei einem jungen Pferd liegt das Problem meistens nur darin, daß die ungewohnte Umgebung es nervös macht. Wenn ein Pferd sich aber wirklich weigert, kann das daran liegen, daß es mit dem Turnierspringplatz schlechte Erfahrungen gemacht hat und völlig »turniersauer« geworden ist.

### *Abhilfe*

Im Idealfall sollte man mit dem Pferd sein ganzes Leben lang geübt haben, daß es willig von den anderen Pferden weggeht, wenn man das von ihm verlangt. Das gehört zur Grundausbildung des Pferdes. Es wird nur dann auch ohne Herdengenossen mehr Selbstvertrauen zeigen, wenn man das häufig und unter den verschiedensten Bedingungen von ihm verlangt – also nicht nur dann, wenn man allein in den Parcours muß.
Bei einem jungen Pferd ist es immer gut, wenn man es zu einigen Turnieren mitnimmt, *bevor* man zum erstenmal mit ihm teilnehmen möchte. Dann kann es sich an all die unbekannten Dinge gewöhnen, die

es da zu sehen und zu hören gibt. Man führt es herum, läßt es an einer Stelle stehen, damit es sich ansehen kann, was auf dem Reitplatz vor sich geht, und läßt sich Zeit damit, vom ihm turniermäßiges Springen zu fordern. Erst wenn das Pferd entspannt ist und sich wieder auf den Reiter konzentrieren kann, ist es bereit, eine Leistung zu erbringen.

Einem widerstrebenden Pferd kann es helfen und mehr Selbstvertrauen geben, wenn es auf den Turnierplatz geführt wird. Laut LPO darf ein Helfer zu Pferd oder zu Fuß einen Teilnehmer bis zum Eingang des Platzes führen.

Ein Pferd, das sich wirklich wehrt, muß wahrscheinlich von einem professionellen Springreiter korrigiert werden. Aber wenn es ohnehin nur ungern springt, wäre es für das Pferd viel besser, wenn man es mit dem Springen völlig in Ruhe ließe.

## DAS PFERD VERSUCHT, DEN PLATZ ZU VERLASSEN

### *Ursache*

Auch ein Pferd, das jedesmal langsamer wird und in Richtung Ausgang strebt, wenn der Parcours dort vorbeiführt, drückt aus, daß es bei der Herde sein möchte. Manche Pferde neigen mehr zu diesem Verhalten, andere weniger, aber im Grunde ist das eine Frage von Ausbildung und von gutem oder schlechtem Reiten. Am sichersten kann man dem Pferd dieses Verhalten beibringen, indem man sofort nach dem Überwinden des letzten Hindernisses auf den Ausgang zusteuert.

### *Abhilfe*

Wenn man den Parcours beendet hat, macht man genau das, was man bei professionellen Springreitern oft sehen kann: Man wendet das Pferd nach links oder rechts auf einen Zirkel ab, so daß es vom Ausgang weggehen muß, bevor man es durchpariert. Bei einem Pferd am Anfang seiner Springkarriere sollte das schon reichen, um zu verhindern, daß es sich unerwünschte Manieren angewöhnt und am Schluß in Richtung Ausgang stürmt.

Hat man ein Pferd schon mit der Neigung zum Herausstürmen aus dem Platz erworben, so muß man sehr konsequent und gut reiten und wahrscheinlich Stimme und Gerte einsetzen, um Abhilfe zu schaffen.

Wenn ein Pferd springsauer geworden ist, wird man entweder eine Zeitlang mit dem Springen aufhören müssen und sich auf dressurmäßige Arbeit konzentrieren, oder man sollte die Springkarriere dieses Pferdes ganz beenden und statt dessen andere Aufgaben für es suchen.

7

# Auf dem Turnier

Im Trubel der Startvorbereitungen für ein Turnier, vor allem für das erste, übersieht man leicht wichtige Einzelheiten. Also sollte man rechtzeitig vorausplanen.

Mehrere Tage vorher überprüft man die Hufeisen des Pferdes und achtet darauf, daß alles in Ordnung ist und die Gewindelöcher für die Stollen nicht beschädigt sind. Die Löcher werden gesäubert und mit ölgetränkter Watte ausgestopft. Wenn man nicht genau weiß, wie man den Zustand der Hufeisen einzuschätzen hat, sollte man sofort mit dem Schmied reden und sich das nicht für den Tag vor dem Turnier aufheben. Es könnte sein, daß der Schmied an diesem Tag schon zuviel zu tun hat.

Wenn man mit einem Pferdeanhänger oder einem Transporter zum Turnier fährt, vergewissert man sich am Tag vor dem Turnier, daß er innen sauber ist, so daß man das Pferd ohne weitere Vorarbeiten verladen kann. Möchte man das Pferd zum erstenmal in einen Transporter bringen, so übt man das Verladen in den Wochen vor dem Turnier mehrmals. Für ein Pferd, das noch nie im Hänger gefahren ist, ist das unabdingbar, und selbst wenn der Vorbesitzer versichert hat, das Pferd wäre leicht zu verladen, sollte man es rechtzeitig ausprobieren. Selbst erfahrene Pferde brauchen manchmal eine Zeitlang, bis sie sich an ein unbekanntes Fahrzeug gewöhnt haben. Nichts ist frustrierender, als am Turniermorgen plötzlich zu bemerken, daß man sein Pferd nicht die Rampe hochbekommt.

Für die Ausrüstung von Pferd und Reiter macht man sich eine Liste und legt alles am Abend vorher bereit, so daß man es am Turniermorgen nur noch im Transporter verstauen muß. Wenn man in letzter Minute nach einem wichtigen Ausrüstungsgegenstand suchen muß, ist man schon nervös, bevor man überhaupt auf dem Turnierplatz eingetroffen ist!

## WELCHES TURNIER KOMMT IN FRAGE?

Heutzutage werden das ganze Jahr über so viele Turniere veranstaltet, daß man problemlos eine passende Prüfung finden kann – ganz egal, wo man wohnt. Wenn man Mitglied in einem Reitverein ist oder in einer Reitschule reitet, muß man kaum weiter suchen, weil praktisch alle Reitvereine Turniere veranstalten und diese am Bedarf ihrer Mitglieder ausrichten. Viele Vereine haben auch wirklich ausgezeichnete Reitanlagen. Das Angebot an Wettbewerben für Ponyreiter wird ebenfalls immer mehr erweitert.

Wer für seine Turnierteilnahme eine grö-

## Die Turnierausrüstungs-Liste

Die folgenden Gegenstände legt man sich am Tag vor dem Turnier zurecht.

### Für das Pferd:

Decke/Deckengurt
Bandagen/Equimoll
Transportgamaschen
Schweifbandage/Schweifschoner
Sprunggelenksschützer (falls nötig)
Genickschutz (falls nötig)
Stallhalfter und Führstrick
Leichtes Zaumzeug mit Führzügel

Sattel
Zaumzeug
Martingal (falls nötig)
Vorderzeug (falls nötig)
Sprungglocken
Sehnenschützer
Stollen und Stollenschlüssel
Startnummern (falls nötig)
Ersatzzubehör: Sattelgurt, Steigbügelriemen, Zügel (falls etwas reißt)

Putzzeug
Erste-Hilfe-Ausrüstung für kleinere Verletzungen
Futter
Heunetz
Großer Wasserbehälter (am Turniermorgen füllen – nicht auf allen Turnierplätzen sind die Wasserhähne problemlos zugänglich)
Wassereimer

### Für den Reiter:

Hemd/Bluse
Krawatte oder Plastron
Krawatten- oder Plastronnadel
Reithose
Reitstiefel
Reitjacke
Reitkappe mit Dreipunktbefestigung
Haarnetz (für Reiter und Reiterinnen mit langen Haaren)
Handschuhe
Gerte
Sporen (falls nötig)
Regenjacke für schlechtes Wetter

Erste-Hilfe-Ausrüstung

ßere Auswahl haben möchte, kann die Turnierausschreibungen und Vorankündigungen in den verschiedenen Pferdefachzeitschriften studieren. Manche dieser Zeitschriften erthalten zu Jahresbeginn oder in regelmäßigen Abständen Sonderbeilagen mit Hunderten von Turnierterminen. Diese Beilagen kann man sich heraustrennen und aufheben.

Um an sogenannten Stall- oder Vereinsturnieren teilnehmen zu können, muß man keinem Reitverein angehören. Sobald man aber ernsthafter Turnierreiten will, muß man Mitglied in einem Reitverein sein. Ab Klasse A muß auch das Pferd offiziell als Turnierpferd bei der FN, der Deutschen Reiterlichen Vereinigung, eingetragen werden. Alle Turniere außer Stallturnieren müssen nach den Regeln der LPO, der von der FN herausgegebenen Leistungsprüfungsordnung, abgehalten werden.

Neben Vereinsturnieren kann man als Anfänger hauptsächlich an allen Wettbewerben der Kategorie C teilnehmen. Dazu braucht man keinen Nachweis seiner reiterlichen Fähigkeiten. In der Kategorie C werden ausschließlich Prüfungen der Klasse E angeboten. Es gibt keine Geldpreise, nur Sachpreise. Plazierungen, die in der Kategorie C erworben werden, werden für die Leistungsklassen-Einstufung der Kategorien B und A nicht angerechnet.

Ist man im Besitz des Kleinen Reiterabzeichens (Klasse IV), so wird man in Leistungsklasse 6 eingestuft und kann in der Kategorie B an Prüfungen der Klasse A teilnehmen.

In diesem Stadium kommt es hauptsächlich darauf an, sich den richtigen Wettbewerb für sich selbst und für das Pferd auszusuchen und dabei nicht übermäßig ehrgeizig zu sein. Es ist besser, eine Zeitlang an Wettbewerben teilzunehmen, die einem leichtfallen, als es mit etwas zu probieren, das zu schwierig ist und das dann beim Pferd, beim Reiter oder bei beiden zu Angst führt.

Stilspringen und Springpferdeprüfungen sind ideal für den Einstieg geeignet. Für diese Prüfungen gibt es nur Höchstzeiten; gerichtet werden sie nach Noten, nicht nach Zeit. In Stilspringen wird der Stil des Reiters benotet, in Springpferdeprüfungen die Springmanier des Pferdes. Deshalb darf man in letzteren auch nur mit einem Pferd starten. Für Stilspringen gibt es ein genaues Schema, das auch Springen aus dem Trab beinhaltet. Hier darf mit bis zu drei Pferden gestartet werden. Oft gibt es in dieser Art von Wettbewerben für alle Teilnehmer, die fehlerfrei geritten sind, eine braune Anerkennungsschleife. Zusammen mit der Tatsache, daß man bei diesen Prüfungen nicht gegen die Uhr reiten muß, ergibt sich damit eine gute Einführung in die Welt des turniermäßigen Springreitens.

Wenn man einem Reitverein angehört und das Kleine Reiterabzeichen besitzt, hat man die Möglichkeit, von der Kategorie C in die Kategorie B zu wechseln, in der man durch Siege und Plazierungen in eine höhere Leistungsklasse aufsteigen kann und in der auch Preisgelder zu gewinnen sind. Zunächst kann man hier in der Klasse A starten, sofern das Pferd als Turnierpferd eingetragen ist. In der LPO stehen alle Einzelheiten über die Voraussetzungen für bestimmte Klassen sowie darüber, wie hoch die Hindernisse sind und welche Hindernisse im Parcours nicht verwendet werden dürfen. In Springprüfungen der Klasse E werden beispielsweise keine Sprünge über einen Wassergraben verlangt.

Man sollte es sich angewöhnen, die Ausschreibungen sorgfältig zu studieren, bis man mit den unterschiedlichen Anforderungen völlig vertraut ist. So kann man vermeiden, daß man plötzlich vor einer Hindernisart steht, die man zu Hause noch nie übersprungen hat.

Wenn man sich ein Turnier ausgesucht hat, an dem man teilnehmen möchte, schreibt man an die Turnierausrichter. Name und Adresse des Ansprechpartners findet man normalerweise in der Ausschreibung. Startet man in der Kategorie C, so genügt eine formlose Anmeldung mit den Namen von Pferd und Reiter, mit der laufenden Nummer der Prüfung und dem Startgeld als Scheck. Sobald man in der Kategorie B starten darf, erhält man für sein Pferd Nennschecks und mit seinem Reitausweis Aufkleber, die man auf die Nennschecks klebt. Auch hier fügt man einen Scheck für das Startgeld bei. Die Anmeldung zu einem Turnier bezeichnet man als Nennung.

Normalerweise sind bereits in der Ausschreibung alle Einzelwettbewerbe mit genauer Beschreibung und mit den Teilnahmebedingungen aufgeführt. Eine grobe Zeiteinteilung steht ebenfalls bereits in der Ausschreibung, die genaue Startzeit erfährt man aus dem Zeitplan, den man nach der Nennung zugeschickt bekommt. Aus der Ausschreibung sucht man sich den Wettbewerb oder die Wettbewerbe heraus, die man für sich und für sein Pferd für passend hält, und schreibt deren Nummer *les-*

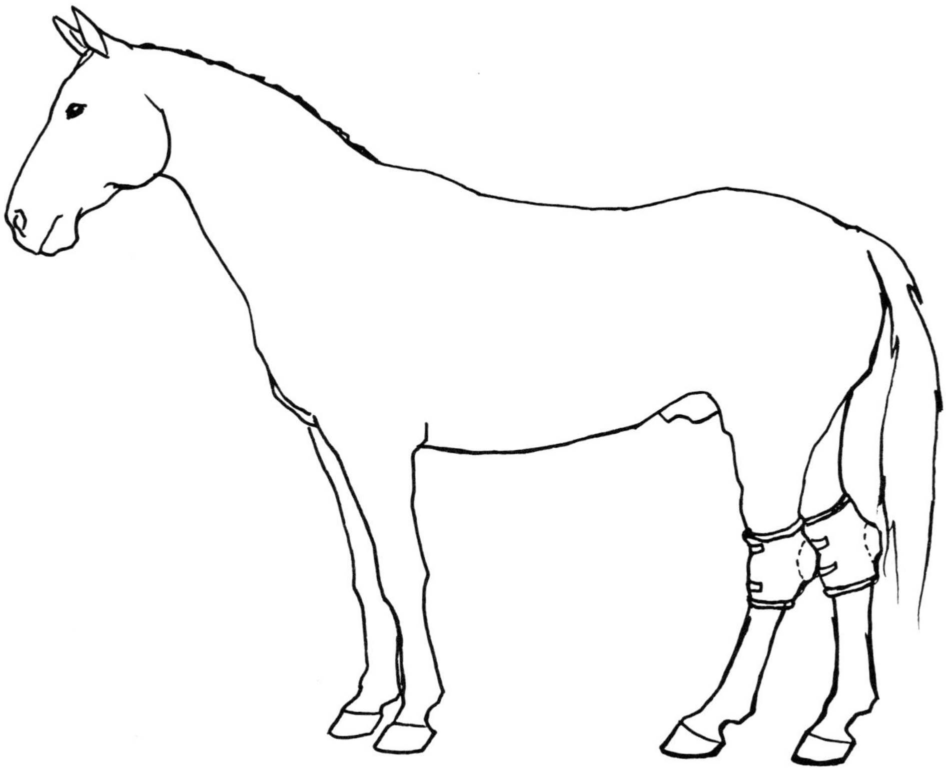

*Pferd mit Sprunggelenksschützern*

*bar* auf die Anmeldung oder den Nennscheck. Anmeldung und Nenngeld schickt man so rechtzeitig an die Veranstalter, daß alles vor Nennungsschluß dort ankommt. Dieses Datum findet man in der Ausschreibung.
Man sollte keine Enttäuschung riskieren, indem man seine Nennung erst in letzter Minute losschickt. Bei einigen Turnieren werden auch nachträgliche Nennungen akzeptiert, aber in vielen Fällen muß die Zahl der möglichen Starter begrenzt werden, weil so enorm viele Reiter an Prüfungen der Klassen E und A teilnehmen wollen.

## UNTERWEGS ZUM TURNIER

Die erste goldene Regel für die Turnierteilnahme lautet: Man sollte jede Menge Zeit einplanen, um dorthin zu gelangen. Es ist sinnvoll, mindestens eine Stunde vor dem planmäßigen Beginn des Wettbewerbs am Turnierplatz anzukommen. Wenn man den Veranstaltungsort, die Parkmöglichkeiten, den Standort der Meldestelle und so weiter noch nicht kennt, sollte man noch früher dort eintreffen. Was man beim Turnier am wenigsten brauchen kann, ist Streß.
Wenn man vorher schon hektisch herumrennen muß, wird man nicht gut reiten können und auch das Pferd unruhig machen.
Das Pferd sollte spätestens eineinhalb Stunden vor der Abfahrt sein Morgenfutter bekommen. Für den Transport müssen alle vier Beine bandagiert werden, um sie vor Verletzungen zu schützen. Die Bandagen dürfen nicht zu eng gewickelt werden, damit sie die Blutzirkulation nicht behindern. Sie sollten über Equimoll oder anderem Polstermaterial angelegt werden und den Bereich unterhalb des Sprung- beziehungsweise Karpalgelenks bis zum Kronrand abdecken.
Karpalgelenksschützer, die ebenfalls nicht zu eng verschnallt werden dürfen, schützen die Karpalgelenke vor Stößen. Wenn sich das Pferd beim Transport oft unruhig bewegt, ist es empfehlenswert, auch noch Sprunggelenksschützer anzulegen. Manche Pferde regen sich auf, wenn man ihnen diese Schutzgamaschen zum erstenmal anlegt. Man sollte das Pferd also nicht erst am Turniermorgen damit konfrontieren, sondern es in den Wochen zuvor im Stall schon an das Tragen der Gamaschen gewöhnen. Wenn man merkt, daß es sich an den Karpal- und Sprunggelenksschützern gerne aufreibt, legt man eine Lage Baumwolle oder anderes Polstermaterial unter die oberen Riemen.
Hat man das Pech, ein Pferd zu besitzen, das sich nicht gerne transportieren läßt, so sollte man ihm auch Sprungglocken anziehen, damit es sich nicht selbst verletzen kann, falls es herumspringt.
Außerdem sollte es eine Schweifbandage und darüber einen Schweifschoner tragen, die ebenfalls nicht zu eng verpaßt sein dürfen. Je nach Wetter legt man dem Pferd eine leichte oder schwere Decke auf, die man mit einem Deckengurt sichert. Ein Genickschutz, den man am Stallhalfter anbringt, schützt das Pferd für den Fall, daß es den Kopf hochwirft und dabei gegen Bauteile des Pferdehängers schlägt.
Vor dem Verladen sollte das Pferd mit all diesen Transportschützern ausgerüstet sein, sein Stallhalfter tragen und darüber ein Zaumzeug mit einem langen Führzügel daran. Die meisten Pferde lassen sich lediglich mit Hilfe von Stallhalfter und Führstrick völlig problemlos verladen, aber falls das Pferd doch unerwarteterweise Schwierigkeiten macht, hat man wesentlich mehr Kontrolle, wenn es auch noch ein

*Der Genickschoner wird am Stallhalfter befestigt.*

Zaumzeug trägt. Dieses Zaumzeug muß nicht mit einem Reithalfter versehen sein. Man kann es abnehmen, sobald sich das Pferd im Hänger befindet und ein Helfer die hintere Kette oder Stange eingehängt und die Rampe hochgeklappt hat.

Das Pferd wird mit dem Führstrick des Stallhalfters festgebunden – nicht so kurz, daß es den Kopf nicht bewegen kann, aber auch nicht so lang, daß es seinen Reisegefährten beißen kann, falls es einen hat. Man muß immer daran denken, daß man das Pferd nicht festbinden darf, bevor die hintere Absperrung angebracht ist. Falls es rückwärts geht, wird es sonst das Stallhalfter zerreißen und sich vielleicht schwer verletzen, falls es in Panik gerät. Aus dem gleichen Grund bindet man beim Ausladen immer zuerst das Pferd los und legt ihm das Zaumzeug an, bevor man die Rampe herunterklappt und die hintere Kette oder Stange öffnet. Indem man ganz ruhig mit dem Pferd umgeht und beruhigend mit ihm spricht, versucht man es dazu zu bringen, daß es in aller Ruhe rückwärts geht und nicht wie verrückt nach hinten rumpelt. Pferde können sich sehr leicht an den Beinen verletzen, wenn sie sich auf der Rampe überstürzt rückwärts bewegen.

Sobald die gesamte Ausrüstung verstaut und das Pferd im Hänger ist, kann es losgehen. Wenn man eine längere Strecke zurücklegen muß oder wenn während der Fahrt das Wetter umschlägt, sollte man ab und zu anhalten und nachsehen, ob mit dem Pferd alles in Ordung ist. Während des Transportes sollte das Pferd keiner Temperaturänderung unterworfen werden. Man sollte also darauf vorbereitet sein, unterwegs eine Decke abzunehmen oder aufzulegen.

Wer auch immer den Transporter oder das Zugfahrzeug steuert – er sollte sich größte Mühe geben, das Pferd beim Transport nicht durchzuschaukeln. Auch das ist ein wichtiger Grund dafür, nicht erst in letzter Minute loszufahren und dann wie wild zum Turnierplatz zu rasen. Vor allem in Kurven und im Kreisverkehr muß man langsam und vorsichtig fahren, so daß das Pferd nicht herumgeworfen wird.

Wenn das Pferd nicht an das Hängerfahren gewöhnt ist, sollte man einige kurze Probefahrten mit ihm unternehmen, bevor man zum erstenmal zu einem Turnier fährt. Dadurch bekommt es Gelegenheit, sich an dieses seltsame neue Gefühl zu gewöhnen. Wenn es einmal begriffen hat, daß es keine Angst zu haben braucht, wird es sich entspannen und nichts weiter dabei finden. Pferde, die sich beim Transport aufregen, sind bei der Ankunft auf dem Turnierplatz oft schon zu erschöpft, um noch gute Leistungen zu bringen.

# Tips fürs Verladen

So vermeidet man Probleme beim Verladen oder verlädt ein schwieriges Pferd:

- Immer genügend Zeit einplanen und einen Helfer dabeihaben.
- Den Hänger oder Transporter parallel zu einer Wand oder einer Hecke aufstellen. Die Wand fungiert als Fang, so daß das Pferd nicht nach dieser Seite ausweichen kann.
- Wenn möglich, stellt man das Fahrzeug so auf, daß die heruntergelassene Rampe auf einer Erhöhung zu liegen kommt. Dadurch ist die Rampe nicht mehr so steil. Viele Pferde lassen sich besser verladen, wenn die Rampe weniger steil ist.
- Wenn der Hänger vorne eine Türe hat, öffnet man diese, so daß möglichst viel Licht in den Transporter fällt. Die vordere Absperrung bleibt eingehängt!
- Die meisten Pferde gehen nicht gerne in einen dunklen Hänger. Wenn es eine Lampe gibt, schaltet man sie ein.
- Mit einem Heunetz im Hänger kann man das Pferd besser hineinlocken.
- Wenn man das Pferd zum Hänger führt, sollte es über dem Stallhalfter ein Zaumzeug tragen und mit allen Transportschützern ausgerüstet sein. Man geht neben der Schulter des Pferdes und hält es gerade, während man auf die Rampe zugeht. Man sollte sich nicht vor das Pferd stellen und nicht versuchen, es hinter sich her zu ziehen.
- Wenn das Pferd geradeaus in den Hänger geht, läßt man sofort von einem Helfer die hintere Stange einhängen, damit es nicht wieder zurückweichen kann.
- Man bindet das Pferd mit dem Führstrick an, nimmt ihm das Zaumzeug ab und läßt es Heu fressen. Wenn es noch nie in diesem speziellen Hänger gefahren ist, füttert man es hier, so daß es Zeit hat, sich an seine neue Umgebung zu gewöhnen. Das macht man mehrere Male, bevor man tatsächlich zum Turnier fährt. Wenn es noch nie transportiert worden ist, macht man einige kurze Probefahrten mit dem Pferd.
- Bei einem nervösen Pferd kann man versuchen, es mit einer Futterschüssel zu locken oder zuerst ein anderes, ruhigeres Pferd zu verladen. Man muß immer in aller Ruhe mit dem Pferd umgehen und darf nicht versuchen, es zur Eile zu treiben.
- Wenn das Pferd die Rampe nicht hinaufgehen will oder davon wegspringt, bindet man eine Longe an die Rückseite des Fahrzeugs, führt sie um die Hinterhand des Pferdes und bittet einen Helfer, damit Druck auf die Hinterhand auszuüben, während man selbst versucht, das Pferd auf die Rampe zu führen. Wenn es sich immer noch nicht bewegt, kann man einen Huf nach dem anderen anheben und die Hufe weiter vorne auf der Rampe wieder absetzen. Gleichzeitig hält der Helfer die Longe straff. Dabei sollten alle Beteiligten Handschuhe tragen.
- Bei einem sehr schwierigen Pferd braucht man zwei Helfer. Man befestigt auf jeder Seite des Fahrzeuges eine Longe und kreuzt die Longen hinter der Hinterhand des Pferdes. Nun steht auf jeder Seite ein Helfer und zieht seine Longe straff. Auch dabei sollten alle Beteiligten Handschuhe tragen, um Verletzungen zu vermeiden, falls jemandem ein Zügel oder eine Longe durch die Hand gezogen wird.
- Man sollte immer daran denken, daß ein Pferd, das sich schlecht verladen läßt, wahrscheinlich unangenehme Erinnerungen mit dem Transport verbindet. Deswegen muß man überprüfen, ob es auf dem Hänger genug Platz hat. Meistens können Pferde leichter die Balance halten, wenn sie nicht direkt in Fahrtrichtung stehen, sonden leicht schräg dazu. Wenn ein Pferd beim Transport leicht in Panik gerät, kann man oft Abhilfe schaffen, indem man die Trennwand entfernt. Dadurch hat es genug Platz, um die Beine weiter auseinander zu stellen.

## AUF DEM TURNIER

Bei der Ankunft auf dem Turnierplatz sieht man zuerst nach dem Pferd, um sicherzugehen, daß es den Transport gut überstanden hat. Wenn alles in Ordnung ist, kann man es im Hänger lassen und sich auf die Suche nach der Meldestelle begeben. Wenn man gute Helfer hat, können diese das Pferd ausladen, ihm die Transportgamaschen abnehmen und es ruhig herumführen, damit es sich die Beine vertreten kann.
Bei der Meldestelle fragt man nach seiner Startnummer, vergewissert sich, daß man für den richtigen Wettbewerb gemeldet hat und überpüft die Startzeit. Schilder für die Startnummer muß man in den meisten Fällen selbst mitbringen. Man befestigt die Nummern sicher am Pferd, am besten am Zaumzeug an der Verbindungsstelle von Stirnriemen und Genickstück, und zwar auf beiden Seiten des Pferdes und so, daß sie für die Richter gut sichtbar sind.
Sobald man sich an der Meldestelle nach der Starterfolge erkundigt hat, muß man sich als nächstes nach dem Vorbereitungsplatz umsehen. Die Reiter starten in alphabetischer Reihenfolge der Nachnamen; welcher Buchstabe bei der jeweiligen Prüfung den Anfang macht, wird nach einem speziellen System von der FN festgelegt. Man erfährt diesen Anfangsbuchstaben in der Meldestelle. Eine Aufsicht informiert die Reiter am Vorbereitungsplatz darüber, wer gerade an der Reihe ist. Wenn man Glück hat, hat man das halbe Starterfeld vor sich und dadurch die Gelegenheit, einige der anderen Reiter im Parcours zu beobachten, bevor man selbst an der Reihe ist.
Ungefähr eine halbe Stunde vor Beginn des Wettbewerbs wird normalerweise eine Parcoursskizze am Vorbereitungsplatz ausgehängt, die man sich sorgfältig ansehen sollte. Man achtet dabei besonders darauf, wo sich Start und Ziel befinden, wie viele und welche Arten von Hindernissen aufgestellt sind und in welcher Richtung man sie überwinden muß. Außerdem informiert man sich darüber, nach welchen Kriterien gerichtet wird und welche Zeit vorgegeben ist. Man muß sich den Parcours einprägen und sicher sein, daß man die Bewertungskriterien verstanden hat. Wenn man Zweifel hat, sollte man jemanden um eine Erklärung bitten. Die Aufsichten sind unter anderem zu diesem Zweck da. Wenn der Wettbewerb mit Stechen ausgeschrieben ist, ist auch eine Parcoursskizze für den Stechparcours ausgehängt. Diese Skizze prägt man sich für den Fall eines fehlerfreien Rittes schon jetzt ein.
Man sollte genügend Zeit einplanen, um das Pferd fertigzumachen: Es muß gesattelt und mit Gamaschen ausgerüstet werden, und die Stollen müssen in die Eisen eingeschraubt werden.

## DAS ABREITEN

Wie lange man für das Abreiten braucht, hängt sehr vom jeweiligen Pferd ab. In der Theorie benötigt man zum Aufwärmen vor dem Wettbewerb genausoviel Zeit wie zu Hause. In der Praxis, hier also auf dem Turnier, sieht die Sache oft anders aus. Manche Pferde werden in der geschäftigen Turnieratmosphäre ausgesprochen aufgeregt und müssen viel länger gelöst werden als sonst, bis sie sich beruhigen. Mit wachsender Erfahrung wird man wissen, wieviel Zeit man unter Wettkampfbedingungen einplanen muß.
Ein kleiner Trost: Internationale Spitzenreiter bekommen das auch nicht immer so ganz hin!

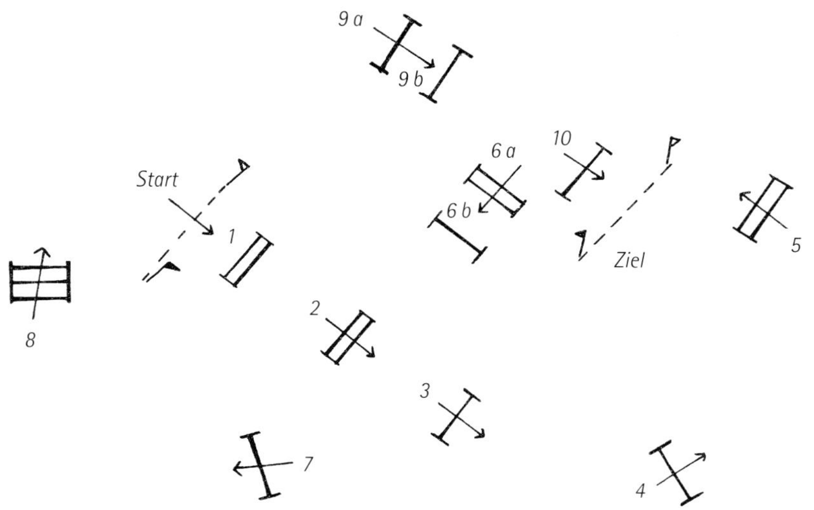


*Eine typische Parcoursskizze. Bevor man den Parcours abgeht, sollte man sich die Skizze genau ansehen.*

Beim ersten Turnier versucht man zunächst einmal, das Pferd im gleichmäßigen Trab und dann im Galopp zu arbeiten, und zwar ungefähr zehn Minuten lang auf geraden Linien und auf dem Zirkel. Wenn es sich schnell beruhigt und auf die Reiterhilfen anspricht, kann man ihm dann erlauben, sich zu entspannen. Erst kurz bevor man an der Reihe ist, läßt man es noch einige Male über die Hindernisse auf dem Vorbereitungsplatz springen.

Wie man beim Abreiten genau vorgeht, ist davon abhängig, wie sich das Pferd zu Hause gibt. Wenn es normalerweise viel gearbeitet werden muß, bevor es sich konzentriert, muß man mehr Zeit dafür einplanen. Handelt es sich eher um ein entspanntes Pferd, so reicht eine kürzere Zeitspanne aus, um es gut zu lösen. Es ist wichtig, daß man das Pferd vor dem Wettbewerb nicht müde reitet. Außerdem ist es unnötig, es wieder und wieder springen zu lassen. Inzwischen sollten Pferd und Reiter wissen, wie die Sache mit dem Springen funktioniert. Vor dem Wettbewerb muß man eigentlich nur dafür sorgen, daß das Pferd gelöst und an den Hilfen ist.

Während sich das Pferd auf dem Turnierplatz befindet, sollte man es so viel wie möglich ausruhen lassen, so daß es sich seine Energie für den eigentlichen Wettbewerb aufsparen kann. Nach dem Reiten sitzt man ab und lockert den Sattelgurt. Bei heißem Wetter stellt man das Pferd in den Schatten; an kalten Tagen deckt man es gut ein.

## DIE PARCOURSBEGEHUNG

Kurz vor dem Wettbewerb darf man den Springplatz betreten, um den Parcours abzugehen. Es zahlt sich aus, wenn man rechtzeitig da ist und diese Gelegenheit, sich die Hindernisse aus nächster Nähe anzusehen, wahrnimmt. Auf jeden Fall sollte man das in Begleitung eines erfahreneren Reiters tun, der einem wertvolle Ratschläge geben kann. Dies ist wesentlich sinnvoller, als seine Zeit damit zu vergeuden, ein Schwätzchen mit Freunden zu halten.

Wenn man den Parcours in der richtigen Reihenfolge abgeht, kann man sich die Route besser einprägen. Man plant jetzt, wie man die einzelnen Hindernisse anreiten und wo man mit den Wendungen anfangen möchte. In den Kombinationen schreitet man die Abmessungen ab und versucht sich zurechtzulegen, wie sie mit der Galoppsprunglänge des eigenen Pferdes übereinstimmen.

Der Stechparcours darf vor dem Stechen nicht mehr extra abgegangen werden. Es lohnt sich also, sich die entsprechenden Hindernisse für den Fall einer Teilnahme am Stechen noch etwas genauer anzusehen.

Man achtet auch darauf, ob sich rund um den Springplatz Dinge befinden, die das Pferd erschrecken könnten – Fahnen, eine Bühne für Musiker oder irgend etwas anderes, das das Pferd vielleicht noch nie gesehen hat. Wenn das der Fall ist, behält man im Hinterkopf, daß man beim Einreiten in den Parcours mit dem Pferd an diesen Dingen vorbeireiten sollte. Beim eigentlichen Springen ist dann die Gefahr geringer, daß es plötzlich erschrickt. Außerdem muß man sich unbedingt einprägen, wo die Markierungen für Start und Ziel liegen. Wenn man eine dieser Linien nicht passiert, wird man disqualifiziert.

Nach der Parcoursbegehung stellt man sich an den Zaun und sieht den ersten Reitern beim Springen zu, bis es an der Zeit ist, selbst aufs Pferd zu steigen. Dadurch hat man die Gelegenheit, zu beobachten, wie sich bestimmte Hindernisse springen lassen und wo die Hauptprobleme liegen. Man sollte aber so rechtzeitig auf dem Vorbereitungsplatz sein, daß man genügend Zeit zum Lösen des Pferdes hat, bevor man selbst aufgerufen wird.

## IM SPRINGPARCOURS

Wenn die eigene Nummer aufgerufen wird, trabt man in aller Ruhe auf den Platz. Dort galoppiert man an und reitet um den Parcours herum, bis die Startglocke ertönt. Wenn man aufgerufen wird, während das vorherige Pferd noch springt, geht man im ruhigen Schritt um den Platz herum, so daß man es nicht ablenkt.

Man darf nicht vergessen, die Gelegenheit zu ergreifen und an Dingen vorbeizureiten, die das Pferd ablenken könnten. Dadurch kann sich das Pferd schon einmal von der Überraschung erholen, bevor es springen muß.

Nach dem Ertönen der Startglocke hat man eine Minute Zeit, um die Startlinie zu überqueren. Jetzt bemüht man sich, alle Hindernisse geradeaus und genau in der Mitte anzureiten und ist außerdem darauf vorbereitet, zwischen den Hindernissen halbe Paraden zu geben, so daß das Pferd weiterhin die Hinterhand gut unter den Körper setzt. Man läßt es im guten, rhythmischen Galopp gehen und reitet die Wendungen sorgfältig und korrekt, so daß das Pferd hier nicht aus dem Gleichgewicht kommt. Wenn es eine Stange abwirft, ist das kein Grund zur Panik – man sollte versuchen, diese Stange zu vergessen und sich darauf konzentrieren, das nächste Hindernis besser zu meistern!

Wenn das Pferd verweigert, wendet man auf einen Zirkel ab und stellt sicher, daß man das Hindernis beim zweiten Versuch im Gleichgewicht anreitet. Wenn es beim Verweigern in das Hindernis rutscht, ertönt die Glocke. Dann muß man so lange warten, bis das Hindernis wieder aufgebaut ist. Man reitet inzwischen an die Stelle, von der aus man den Sprung erneut anreiten will, und geht hier auf den Zirkel, bis die Glocke wieder ertönt und man weiterreiten darf. Bei drei Verweigerungen wird man disqualifiziert; in diesem Falle ertönt wieder die Glocke, und man muß den Platz verlassen.

Man muß daran denken, daß sich die Aufregung der Turnierteilnahme auf Pferd und Reiter auswirken kann. Wenn etwas schiefgeht, darf man sich nicht aufregen oder nervös werden. Wenn das Pferd verweigert oder eine Stange abwirft, hat man es wahrscheinlich nicht korrekt an den Sprung herangeritten, oder das Pferd hat einen solchen Sprung vielleicht noch nie gesehen und war einfach überrascht. Wenn man jetzt wütend wird, wird das Pferd dieses Springen vor Publikum wahrscheinlich in unangenehmer Erinnerung behalten und das nächste Mal nicht mehr besonders willig mitmachen.

Sobald man das letzte Hindernis überwunden hat, überquert man die Ziellinie und geht – immer noch im Galopp – auf einen Zirkel. Erst dann pariert man durch und reitet am langen Zügel in Richtung Ausgang.

Wenn man, aus welchen Gründen auch immer, vor Beendigung des Parcours aufgeben möchte, teilt man diese Absicht den Richtern mit, indem man durchpariert und die Hand hebt.

## IM STECHEN

Wenn man fehlerfrei geritten ist und die Ausschreibung des Wettbewerbs ein Stechen vorsieht, bleibt man auf dem Vorbereitungsplatz oder in der Nähe, bis man zum zweitenmal an die Reihe kommt. War man in der ersten Runde nicht gerade einer der letzten Reiter, so bleibt einem genügend Zeit, um abzusteigen und das Pferd verschnaufen zu lassen, bevor das Stechen losgeht. Man lockert den Sattelgurt und führt das Pferd herum, so daß es gelöst bleibt. Bei kalter Witterung muß man es eindecken. Man steigt erst kurz vor der nächsten Runde wieder auf. Wenn man lange warten mußte, kann man das Pferd noch einmal über ein niedriges Übungshindernis springen lassen, aber man wird es nicht intensiv abreiten müssen, weil es ja schon einen Parcours gesprungen ist.

Man muß daran denken, daß das Springen gegen die Uhr von Pferd und Reiter eine Menge Können verlangt. Es geht nicht einfach darum, wie wild durch den Parcours zu galoppieren. Stechen werden meistens von Pferden gewonnen, die enge Wendungen gehen und auch dann genau springen können, wenn der Anreiteweg sehr kurz ist. Diese Fertigkeiten stellen sich mit fortschreitender Übung ein – man sollte also nicht erwarten, daß man beim erstenmal gleich gewinnt. Statt dessen reitet man mit Verstand und konzentriert sich darauf, das Pferd im Gleichgewicht und im Takt zu halten. In diesem Stadium ist es besser, eine weitere fehlerfreie Runde gut zu reiten und sich eine Schleife für eine Plazierung zu holen, als sich beim Rennen gegen die Uhr zu verausgaben und dabei Fehler zu machen.

Wenn man von Pferden oft verlangt, aus einem hohen Grundtempo zu springen, gewöhnen sie sich übrigens leicht an, ohne Bascule zu springen!

## NACH DEM WETTBEWERB

Nach dem Ende des Wettbewerbs lockert man den Sattelgurt und führt das Pferd trocken. Erst dann bringt man es zum

Hänger, sattelt es ab und deckt es ein, bietet ihm Wasser und etwas Futter an. Wann immer möglich, sollte man versuchen, die normalen Futterzeiten des Pferdes einzuhalten. Wenn man den ganzen Tag auf dem Turnier verbringt, muß man es mittags wie üblich füttern und ihm Heu geben. Natürlich darf man es nicht unmittelbar vor dem Reiten füttern - wenn also die Startzeit genau in die übliche Futterzeit fällt, wird das Pferd erst später fressen können als sonst.

Man kann das Pferd eine Weile im Hänger stehen lassen, wenn man bei bestimmten Wettbewerben zusehen will, aber man darf es nicht zu lange dort einsperren, weil es sich dann langweilt und müde wird. Wenn man an keinen weiteren Wettbewerben teilnimmt, legt man ihm wieder alle Transportschutzgegenstände an, bindet es sicher an, hängt ihm ein Heunetz hin und bringt es zu einer anständigen Zeit in seinen eigenen gemütlichen Stall zurück.

# 8

# Die Pflege des Springpferdes

Es tut allen Pferden und Ponys gut, wenn es für Arbeit und Fütterung einen Zeitplan gibt, der regelmäßig eingehalten wird. Genau wie wir Menschen sind auch Pferde glücklicher, zufriedener und leistungsbereiter, wenn sie in einem angenehmen, gemütlichen Umfeld leben. Um sich um ein Springpferd kümmern zu können, braucht man Zeit, die notwendigen Fertigkeiten und nicht zuletzt Geld – wie bei allen Turnierpferden und -ponys. Man kann ein Pferd nicht die ganze Woche über auf einer Koppel herumstehen lassen und dann erwarten, daß es am Samstag aufs Turnier kommt und Preise gewinnt.

Das Pferd muß fit sein, ohne deswegen unkontrollierbar zu werden, und es muß sich in gutem Futterzustand befinden, ohne dick zu sein. Fütterung und Training gehen Hand in Hand; sie sind die beiden wichtigsten Faktoren, wenn es darum geht, ein Turnierpferd für seine Arbeit in Form zu bringen und zu halten. Man muß immer daran denken, daß Pferde Individuen sind, genau wie Menschen: Manche bleiben schlank wie Windhunde, ganz egal, wieviel sie fressen, und andere legen bei kärglichster Fütterung noch an Gewicht zu. Die einen sind gierige Fresser, und die anderen muß man zum Fressen überreden. Es gibt faule und energiegeladene Pferde, solche, die sich ganz leicht aufregen, und äußerst gelassene Pferde.

Das Erfolgsrezept des guten Ausbilders liegt darin, jedes Pferd oder Pony individuell zu betrachten und daraufhin eine Fütterung und ein Trainingsprogramm auszuarbeiten, das den Bedürfnissen dieses speziellen Tieres entspricht. Wenn man als Pferdehalter noch keine Erfahrung hat, muß man sich die Zeit nehmen, sich über die verschiedenen Arten von Pferdefutter zu informieren. Man sollte sich auch nicht scheuen, Leute um Hilfe zu bitten, die etwas von Pferden verstehen – beispielsweise einen Reitlehrer oder einen erfahrenen Futtermeister -, und mit ihnen zusammen den Arbeits- und Fütterungsplan des Pferdes zu erstellen.

## DIE FÜTTERUNG

Die Grundregeln für die Fütterung eines Springpferdes entsprechen denen für die Fütterung aller Pferde und Ponys:

- Wenig und häufig füttern – am besten mindestens drei- oder viermal pro Tag.
- Nur Futtermittel guter Qualität verwenden.

- Jeden Tag zu denselben Zeiten füttern (an Turniertagen kann man nötige Verschiebungen vornehmen).
- Frisches Wasser muß zur freien Verfügung stehen (wenn das nicht möglich ist, muß man *vor* dem Füttern tränken, nicht danach, weil es dann zu Koliken kommen kann).
- Ein Pferd nie direkt nach dem Füttern arbeiten lassen – es braucht mindestens eine Stunde, um eine kleine Mahlzeit zu verdauen; für eine große Mahlzeit braucht es länger.
- Nicht aufgefressenes Futter aus der Krippe entfernen.
- Keine plötzlichen Futterumstellungen, weder was die Menge noch was die Art des Futters angeht.

Die Gesamtmengen, unterschieden in Rauhfutter (normalerweise Heu) und Kraftfutter (Hafer, Pellets, Müslifutter, Gerste, Mais und so weiter), sind vom einzelnen Pferd abhängig. Als ganz grobe Faustregel kann gelten, daß ein Kleinpferd (etwa 148 Zentimeter Stockmaß) täglich ungefähr siebeneinhalb bis neuneinhalb Kilogramm Futter braucht, während ein Pferd von 165 Zentimetern Stockmaß ungefähr 13 Kilogramm benötigt. Weiterhin lautet die Faustregel, daß bei arbeitenden Pferden und Ponys ungefähr zwei Drittel der täglichen Futteraufnahme durch Rauhfutter abgedeckt werden sollten und ein Drittel durch Kraftfutter.

Heu von guter Qualität ist für Turnierpferde sehr wichtig. Manche Pferdehalter wässern heutzutage Heu wenigstens über Nacht und manchmal bis zu 24 Stunden lang, bevor sie es verfüttern, weil der Staub die Lunge eines Pferdes ernsthaft angreifen und damit die Leistungsfähigkeit beeinträchtigen kann. Der Ausdruck »Staub« wird hier im weiteren Sinne verwendet und umfaßt auch die Pilzsporen, die sowohl im Heu als auch im Stroh vorkommen. Eine gute Alternative ist Grassilage, die es inzwischen auch in Deutschland zu kaufen gibt: Das Gras wird geschnitten, aber nicht wie Heu getrocknet, sondern luftdicht in Plastiksäcke verpackt. Silage hat den Vorteil, daß sie staubfrei ist. Sie ist nahrhafter als Heu und muß deswegen in kleineren Mengen verfüttert werden.

Wenn Heu im Heunetz verfüttert werden soll, muß man dieses ziemlich hoch an der Wand aufhängen, damit das Pferd nicht mit einem Huf darin hängenbleiben kann. Bei dieser Art der Fütterung wird weniger vergeudet als bei der Fütterung auf dem Boden, aber es gibt auch zwei gute Gründe, kein Heunetz zu verwenden. Zum einen ist das Fressen vom Boden für Pferde eine natürliche Sache. Schließlich entspricht dies genau der Haltung, die sie auch beim Grasen einnehmen. Zum zweiten zielt die Ausbildung des Pferdes ja darauf ab, daß es den Kopf tiefer tragen soll und nicht höher. Ein Stallpferd verbringt viele Stunden am Tag damit, an seiner Heuportion herumzuknabbern, und es erscheint nicht ganz logisch, daß man ihm erlauben sollte, dies mit hocherhobenem Kopf und durchgedrücktem Rücken zu tun. Viele Springreiter verabreichen ihren Pferden das Rauhfutter lieber in Krippen, die auf Brusthöhe oder tiefer angebracht sind. Dadurch kann nicht allzuviel vergeudet werden, und das Pferd frißt in einer halbwegs natürlichen Haltung.

Welche Art von Kraftfutter man seinem Pferd gibt, hängt davon ab, um welchen Pferdetyp es sich handelt. Springpferde brauchen nicht die gleiche Menge Hafer wie beispielsweise Rennpferde, die mit Höchstgeschwindigkeit galoppieren sollen. Tatsächlich kann man viele Pferde ganz ohne Hafer in gute Springform bringen. Wenn man merkt, daß das Pferd unangenehm temperamentvoll wird, sollte man einmal versuchen, die Haferration zu kürzen oder ganz wegzulassen. Man kann sie durch Fertigfutter ersetzen, das speziell für Turnierpferde konzipiert wurde.

Man sollte sich auch bei seinem Lieferanten erkundigen, ob das Futter, das man seinem Pferd gibt, wirklich frei von »verbotenen Substanzen« ist. Dazu gehören verschiedene Medikamente und andere Stoffe, die eine Verletzung oder Erkrankung kaschieren oder die Leistungsfähigkeit eines Pferdes verbessern können. Diese Substanzen sind in den Regelwerken der FN aufgeführt. Auf vielen Turnieren werden Stichproben durchgeführt. Die Verantwortung dafür, daß ein Pferd nicht kurz vor dem Turnier noch solche Substanzen erhalten hat, liegt beim Reiter – auch wenn das Pferd diese Mittel versehentlich erhalten hat. Für tierärztliche Behandlungen gilt übrigens dieselbe Warnung. Wenn dem Pferd Medikamente verabreicht werden müssen, erkundigt man sich beim Tierarzt, wie lange sich die Substanz im Organismus des Pferdes halten wird. Dadurch kann man sicherstellen, daß man erst dann wieder an Turnieren teilnimmt, wenn man dabei nicht gegen die gültigen Regeln verstößt.

## AUFBAUTRAINING

Das Fitneßtraining für ein Springpferd oder -pony unterscheidet sich kaum von dem für Pferde und Ponys in anderen Sparten der Reiterei. Wenn ein Pferd direkt von der Koppel oder aus der arbeitsarmen Wintersaison kommt, muß es zunächst nur im Schritt gearbeitet werden, so daß sich die Muskulatur entwickeln kann. Wenn man das Pferd zu früh in schnelleren Gangarten gehen läßt oder gar mit ihm springt, kann man damit Zerrungen und Verstauchungen hervorrufen.

Als Faustregel kann gelten, daß man anfangs pro Tag etwa eine Dreiviertelstunde lang im Schritt geht. Im Verlauf von zwei bis drei Wochen steigert man allmählich auf eineinhalb bis zwei Stunden pro Tag und legt kurze Trabreprisen ein. Dabei darf man das Pferd nie einfach nur vor sich hinschlurfen lassen. Es muß im gleichmäßigen Takt und geradegerichtet vorwärts geritten werden, so daß sich die Muskeln an den richtigen Stellen langsam aufbauen. Um das Interesse wachzuhalten, ist es hilfreich, die Route jeden Tag ein wenig abzuändern. Einmal pro Woche gibt man dem Pferd einen freien Tag mit Koppelgang zum Entspannen.

In der dritten und vierten Woche baut man die Trabarbeit aus, die immer im kontrollierten Tempo und taktrein erfolgen sollte. Vor dem Traben geht man stets mindestens zehn Minuten lang im Schritt, um das Pferd aufzuwärmen. Dasselbe gilt danach zum Abkühlen. Wenn man zuviel auf hartem Untergrund trabt, kann das zu Überlastung führen. Deswegen darf man auf solchen Böden nie im Höchsttempo traben. Außerdem sollte man, wann immer möglich, versuchen, bergauf zu traben statt im ebenen Gelände. Das verringert die Stoßbelastung für die Pferdebeine.

In der vierten Woche kann man zwei oder drei Trainingseinheiten Dressurarbeit einschieben, die man kurz halten sollte – nicht länger als 20 Minuten. Dabei arbeitet man hauptsächlich im Schritt und im Trab und legt nur kurze Galoppreprisen ein. Danach macht man einen ruhigen Ausritt.

Zum Muskelaufbau und zur Verbesserung der Lungen- und Herzkapazität des Pferdes gibt es keine bessere Methode als die Arbeit bergauf und bergab. Wenn Pferde auf hügeligen Weiden stehen, sind sie am Ende der Weidesaison immer besser in Form als Pferde, die auf ebenen Koppeln gehalten wurden. Wöchentlich eine Trainingseinheit bergauf und bergab durch hügeliges Gelände hält ein Turnierpferd ebenso gut in Form wie jede Menge Arbeit im schnellen Galopp, die die Beine viel stärker belastet. Während der fünften Woche des Fitneßprogramms schließt man also nach Möglichkeit eine Trainingseinheit »am Berg« mit ein. Gleichzeitig reitet man weiterhin regelmäßig ins Gelände, arbeitet dressurmäßig und fängt auch schon allmählich mit Springreihen an.

Gegen Anfang der sechsten Woche sollte das Pferd schon viel besser in Form sein und sich auch so fühlen. Nun kann man es

## Haltungsfragen

Im Idealfall kann man sein Springpferd am Haus halten, so daß man selbst oder ein Familienmitglied sich um das Pferd kümmert und allgemein ein Auge darauf hat. Wenn man selbst keine Möglichkeiten zur Pferdehaltung hat, wird man sein Pferd in Pension unterbringen müssen. Das bedeutet, daß es gegen Miete in einem anderen Stall eingestellt wird, der zweckmäßigerweise so nahe wie möglich am Wohnort liegen sollte.

Wenn man zum erstenmal Pferdebesitzer ist und noch jede Menge fachmännischen Rat braucht oder wenn man sehr wenig Zeit hat, kann man sein Pferd mit Beritt und Putz einstellen. Man bezahlt den Stallbesitzer in diesem Fall dafür, daß er sich rundum um das Pferd kümmert. Wenn der Stall so ausgestattet ist, wie man es sich wünscht, hat man auch noch den Vorteil, das vorhandene Hindernismaterial und einen gut hergerichteten Reitplatz benutzen zu können.

Im Normalfall zahlt man beim Einstellen eines Pensionspferdes für den Stall mit Ausmisten, Einstreuen und Füttern. Die übrige Arbeit, also das Putzen und Reiten, übernimmt man selbst. Das ist billiger und bedeutet, daß man mehr Zeit mit seinem Pferd oder Pony verbringt und es besser kennenlernen kann.

Wo auch immer man sein Springpferd hält: Es braucht eine zugfreie, geräumige Box, am besten mit der Möglichkeit, andere Pferde oder das menschliche Treiben auf dem Hof zu beobachten, so daß ihm nicht langweilig wird. Es ist wichtig, daß es jeden Tag und bei jedem Wetter für mehrere Stunden mit Artgenossen auf die Koppel kommt. Das ist gut für sein Wohlbefinden und für seine Ausgeglichenheit. Man muß sich aber vergewissern, daß die Koppel sicher eingezäunt ist. Es ist nichts Ungewöhnliches, daß Pferde aus der Koppel springen, wenn sie einmal wissen, wie das geht!

Als Vorsichtsmaßnahme gegen mögliche Verletzungen kann man dem Pferd Gamaschen oder Bandagen anlegen, bevor man es auf die Koppel läßt. Die meisten Pferde buckeln gerne einmal oder legen eine Runde im schnellen Galopp ein, wenn sie auf die Koppel kommen. Dabei können sie sich leicht selbst gegen die Beine schlagen oder sehr hart aufkommen. Aus dem gleichen Grund sollte man dafür sorgen, daß auf der Koppel keine Steine herumliegen und daß am Zaun keine Holz- oder Metallteile beziehungsweise Drähte vorstehen, an denen sich das Pferd verletzen könnte.

Pferde sind Herdentiere. Sie brauchen Pferdegesellschaft, um sich wohl zu fühlen. Notfalls kann man sie alleine auf die Koppel lassen und einen »Kumpel« auf eine angrenzende Koppel stellen, so daß die Pferde sich sehen und begrüßen können.

Wenn man ein Pferd hat, das zum Dickwerden neigt und wenn die Weide nährstoffreich ist, läßt man das Pferd nur für begrenzte Zeit auf die Weide.

im Galopp arbeiten. Dazu läßt man es vorwärts galoppieren, ohne daß es in Renngalopp verfällt. Die beste Wirkung hat das Galoppieren bergauf, aber am wichtigsten ist es, nur auf gutem Boden zu galoppieren. Harter, unebener Boden oder sehr matschige Strecken können nur zu leicht zu Sehnen-, Bein- oder Muskelschäden führen.

Nach dieser sechswöchigen Aufbauphase sollte das Pferd für das ernsthaftere Training bereit sein. Zur Vorbereitung auf die Turniersaison wird man sich auf die dressurmäßige Arbeit und auf leichtes Springtraining konzentrieren. Man fängt mit Springreihen an und macht mit Einzelsprüngen und kleinen Parcours weiter. Man sollte nicht zu oft springen, damit das Pferd nicht die Lust verliert. Zwei oder drei Springstunden pro Woche reichen völlig. Dieses Springtraining wechselt man mit Ausritten ab und schiebt immer wieder Arbeit bergauf und bergab ein. Gelegentlich reitet man auch schnellen Galopp, der die Lungen freimacht. Einen Ausritt sollte man zwar genießen können, aber gleichzeitig kann man ihn für die weitere Ausbildung des Pferdes und für die Weiterentwicklung der eigenen reiterlichen Fähigkeiten nutzen. Das Pferd muß vorwärts gehen, sich im Gleichgewicht befinden und eine gewisse Versammlung und Anlehnung zeigen.

Während des Aufbautrainings kann man ganz allmählich beginnen, dem Pferd Kraftfutter zu geben, so daß es keine Probleme mit der Umstellung von reiner Gras- oder Heufütterung auf Kraftfutteranteile bekommt. Ungefähr während der ersten zehn Tage gibt man täglich eine kleine Portion Kraftfutter, danach kann man auf zwei Kraftfuttergaben erhöhen. In der vierten Woche kann das Pferd drei kleine Kraftfuttermahlzeiten pro Tag erhalten, und gegen Ende der sechsten Woche ist man bei der vollen Menge für ein Pferd angelangt, das trainiert wird. Diese Menge teilt man am besten auf vier kleine Portionen auf.

Bei keiner Trainingseinheit darf man vergessen, die Beine des Pferdes durch Gamaschen zu schützen.

## EINSTREU

Pferde brauchen tiefe, bequeme Einstreu, die zum Hinlegen und Ausruhen einlädt. Stroh ist als Einstreu gut geeignet: Es läßt sich leicht ausmisten und ist relativ problemlos zu entsorgen.

Es gibt allerdings Pferde, die auf den Staub im Stroh allergisch reagieren, und manche Pferde fressen übermäßig viel Stroh, was nicht gut für die Lunge ist. Außerdem sind gierige Pferde, die eigentlich strikt Diät leben müßten, kaum vom Strohfressen abzuhalten.

Sägespäne und Papierschnitzel sind gute Alternativen. Papier ist allerdings nicht leicht zu entsorgen und muß wahrscheinlich verbrannt werden.

## PUTZEN UND PFLEGEN

Tägliches gründliches Putzen mit einer Kardätsche hält das Fell sauber und erhält die Spannkraft der Muskeln. Man kann diesen Effekt noch durch die Verwendung eines Massagekissens verstärken, wie es in England üblich ist. Vor dem Reiten sollte man bis zu einer Dreiviertelstunde einplanen, um das Pferd gründlich zu putzen, also den Körper von Stroh und Schmutzflecken zu befreien, den Kopf zu säubern, Mähne und Schweif gründlich zu bürsten und Augen, Nüstern und After sauberzumachen. Außerdem werden die Hufe ausgekratzt.

Nach dem Reiten putzt man noch einmal kurz über, vor allem in der Sattel- und Gurtlage. Wenn das Pferd geschoren oder das Wetter besonders kalt ist, nimmt man zum Putzen die Decken nicht ganz herunter, sondern faltet sie nach hinten, während man den vorderen Teil des Pferdekörpers putzt, und nach vorne, um die Hinterhand zu säubern.
An Turniertagen muß man jede Menge Zeit einplanen, um das Pferd gründlich zu putzen und die Mähne einzuflechten, bevor man es in den Hänger verlädt. Auf dem Turnier muß man dann nur noch einige Schönheitskorrekturen vornehmen, beispielsweise die Hufe einfetten, die Nüstern mit einem Schwamm auswischen und den Schweif ordentlich bürsten. Sobald man wieder zu Hause ist, sollte man das Pferd noch einmal putzen, um Schweiß und Schmutz zu entfernen.

## SCHEREN UND VERZIEHEN

Wenn man während der Wintermonate in der Halle springen möchte, empfiehlt es sich, das Pferd zu scheren, damit es nicht übermäßig schwitzt und dadurch an Kondition verliert. Pferde, die ein sehr dickes Winterfell bekommen, müssen komplett geschoren werden, einschließlich der Beine. Nur die Sattellage auf dem Rücken läßt man zum Schutz dieser Partie ungeschoren.
Pferde mit weniger dickem Fell können nach verschiedenen Mustern geschoren werden; meistens beläßt man das Fell an Beinen, am Rücken und an der Kruppe. Manche Pferde muß man auch im Sommer teilweise scheren.
Vor einem Turnier bringt man sein Pferd immer auf Hochglanz und verzieht Mähne und Schweif. Eine sauber verzogene Mähne braucht fürs Turnier nicht einmal eingeflochten zu werden; eine wirre Mähne sieht allerdings eingeflochten besser aus.

## HUFBESCHLAG

Regelmäßiger Beschlag durch einen guten Hufschmied ist für ein Springpferd unerläßlich, weil es sich durch ein lockeres Eisen oder eine vorstehende Nagelspitze leicht verletzen kann. Der Beschlag sollte ungefähr alle sechs Wochen erneuert werden. An allen vier Eisen müssen Gewindelöcher für Stollen angebracht sein. Man darf Stollen nie an abgelaufenen Eisen benutzen: Der Stollen könnte länger sein als die Dicke des Eisens, und dadurch kann der Huf verletzt werden. Wenn ein Pferd nach einer Pause wieder in leichte Arbeit genommen wird, kann man am ersten Satz Hufeisen feste Stollen verwenden, die nicht abschraubbar sind. Sie eignen sich vor allem für die Schritt- und Trabarbeit auf befestigten Straßen. Sobald das Pferd wieder ernsthaft trainiert wird, braucht es einen neuen Beschlag mit Gewindelöchern für Springstollen.

## EINDECKEN

Stalldecken können aus Jute mit Wollfutter oder aus einer Vielzahl moderner synthetischer Gewebe bestehen. Letztere sind meistens viel leichter als die Jutedecken alter Art. Oft sind sie mit gut durchdachten Kreuzbegurtungen versehen, die einen speziellen Deckengurt unnötig machen.
Wenn man einen Deckengurt benutzen möchte, ist eine Konstruktion mit einem Metallbügel oben, der das Herumrollen des Pferdes verhindert, am besten. Der Gurt muß gut gepolstert sein und über einem Stück Schaumstoff verschnallt werden, so daß der Druck auf den Pferderücken abge-

mildert wird. Welches Modell man auch immer benutzt: Es ist wichtig, daß die Decke das Pferd warmhält und daß sie korrekt verpaßt ist. Jeder übermäßige Druck in der Sattel- oder Gurtlage kann dort eine Druckstelle hervorrufen, die das Pferd für eine Weile unreitbar macht.

Wenn das Budget es zuläßt, ist eine schicke leichte Decke, die nur auf dem Turnier benutzt wird, sicher eine hübsche Bereicherung der Ausrüstung. Natürlich kann das Pferd aber auch mit seiner üblichen Stalldecke auf Reisen gehen.

Es ist empfehlenswert, auf dem Turnier eine wasserdichte Decke zur Hand zu haben, die den Sattel schützt und das Pferd warmhält. Für den Weidegang wird es eine Neuseelanddecke brauchen. An kalten Tagen sollte man vor allem bei geschorenen Pferden eine Nierendecke verwenden, die beim Reiten die Lendenpartie wärmt. Damit die Decke nicht verrutscht, benutzt man einen Schweifriemen, der quer unterhalb des Schweifes verläuft.

## STALLBANDAGEN

Stallbandagen halten die Beine des Stallpferdes warm und bieten einen Schutz vor Verletzungen. Sie sollten immer über einer polsternden Schicht und niemals zu eng angelegt werden, denn sie sollen das Bein ja nicht stützen, sondern nur schützen.

## Gesundheitsvorsorge

Alle Pferde müssen gegen Tetanus geimpft werden; diese Impfung muß man regelmäßig wiederholen. Auch Grippeimpfungen sind heute weit verbreitet. Sie sind bei einigen Turnierveranstaltungen sogar vorgeschrieben, so daß man sicherstellen sollte, daß das Pferd einen Impfpaß hat und in den vorgeschriebenen Abständen seine Wiederholungsimpfungen bekommt. Ansonsten kann es passieren, daß es auf bestimmten Turnierplätzen nicht starten darf.

Ein anderer wichtiger Teilaspekt für die Pferdegesundheit ist das Entwurmen. Bei Stallhaltung sollten die Pferde im Frühjahr und im Herbst entwurmt werden. Wenn das Pferd täglich auf die Koppel kommt, ist alle sechs bis acht Wochen ein Wurmmittel nötig.

Das Springen ist eine ziemlich anstrengende Betätigung, bei der sich die Pferde alle möglichen Zerrungen und Verletzungen zuziehen können. Ganz egal, wie sorgfältig man darauf achtet, nur mit einem wirklich trainierten Pferd zu springen, nicht zu viel zu trainieren und die Pferdebeine mit Gamaschen und Bandagen zu schützen – die Beine, die Hufe und der Rücken eines Springpferdes sind immer besonders gefährdet. Wenn das Pferd Anzeichen von Lahmheit oder sonstige Unregelmäßigkeiten zeigt, sollte man nicht zögern, den Tierarzt zu rufen. Ein Pferd, das plötzlich die Freude am Springen verliert, hat wahrscheinlich irgendwo Schmerzen. Es braucht die Hilfe eines Fachmanns und vermutlich auch eine Pause.

9

# Im Springparcours

Bei oberflächlicher Betrachtung könnte man leicht meinen, ein Springparcours sehe aus wie der andere. Schließlich gibt es nur eine begrenzte Anzahl verschiedener Hindernisse – jemand, der keine Ahnung vom Springreiten hat, stellt sich wahrscheinlich vor, daß man die Hindernisse schön auf dem Platz verteilt und dann abwartet, welches Pferd am höchsten springen kann.
In Wahrheit gehört natürlich viel mehr dazu. Die Parcoursbauer müssen die Hindernisse nicht immer höher machen, um einen Sieger zu ermitteln. Wie hier schon dargestellt wurde, kann eine scheinbare Kleinigkeit wie die Position einer Absprunghilfe den Schwierigkeitsgrad eines Sprunges enorm beeinflussen. Gute Parcoursbauer kennen auch noch jede Menge anderer Problemstellungen, mit denen sie die Fertigkeiten und den Ausbildungsstand von Pferd und Reiter testen können, ohne daß dazu riesenhafte Hindernisse zu überwinden wären.

Zu diesen Problemstellungen gehören zwei- und dreifache Kombinationen, besondere Distanzen zwischen Einzelhindernissen und Hindernisse von ungewöhnlichem Aussehen. Technisch wirklich anspruchsvolle Springparcours kommen eigentlich nur im Spitzensport vor, aber selbst Einsteiger in diesen Sport müssen mehr können als nur einfach über einzelne Hindernisse zu hüpfen.

## SCHMALE HINDERNISSE

Manchmal wird ein Gatter oder ein ähnliches schmales Hindernis in einen Parcours hineingenommen, um die Springgenauigkeit zu testen. Das Springen von schmalen Hindernissen ist viel schwieriger als das von breiten, einladenden. Schmale Hürden sehen oft viel weniger einschüchternd aus, so daß sich das Pferd eher ablenken läßt und dazu neigt, den Punkt für den Absprung falsch zu wählen. Manche Pferde beschließen auch, daß man um kleine Hindernisse besser herumgeht, als einen Springversuch zu machen.
Der wichtigste Punkt bei einem schmalen Sprung ist deswegen das korrekte Anreiten. Das Pferd muß gut im Gleichgewicht sein und viel Schwung haben, und vor allem muß es absolut *geradegerichtet* sein. Das Springen schmaler Hindernisse übt man schon zu Hause. Man benutzt dazu einen Steilsprung oder eine Mauer von höchstens zwei Metern Breite.
Alles, womit man das Pferd exakt auf die Mitte des Hindernisses ausrichten kann, erleichtert ihm den Sprung. Anfangs probiert man es mit einer Stange auf jeder Seite als Begrenzung. Das eine Ende jeder Stange legt man auf den Boden, das ande-

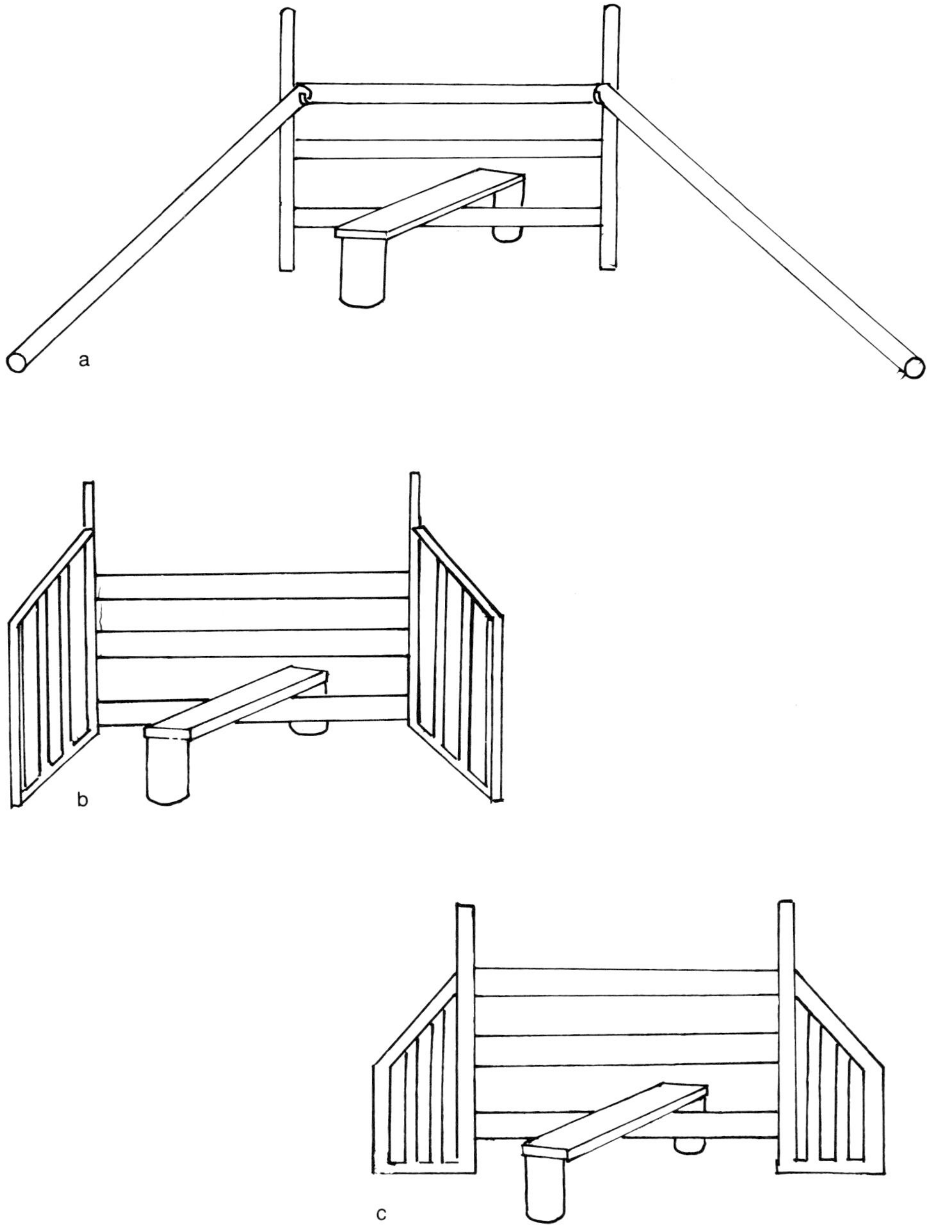


*Schmale Hindernisse sind schwieriger zu springen als breite. (a) Stangen als seitliche Begrenzung erleichtern dem Pferd die Arbeit. (b) Im Winkel stehende Fänge sind ebenfalls hilfreich. (c) Gerade Fänge sind wieder schwieriger.*

re in eine Auflage am Ständer. Wenn es einem bei jedem einzelnen Sprung gelingt, das Pferd absolut gerade zu halten und das Hindernis auf den Punkt genau in der Mitte zu überspringen, übt man ohne die Begrenzungsstangen weiter, stellt dafür aber schräge Fänge auf. Am Ende sollte man in der Lage sein, das Hindernis fehlerfrei zu überwinden, wenn die Fänge gerade stehen und das Pferd auch nicht mehr durch Begrenzungsstangen unterstützt wird.

## Checkliste Sicherheit

Beim Springtraining muß immer ein Helfer dabeisein – für den Fall eines Unfalls.

Immer einen Sturzhelm tragen und die Kinnbefestigung gut schließen.

Immer Reitstiefel oder Schuhe mit Absatz tragen, niemals Turnschuhe oder normale Gummistiefel.

Die Ausrüstung muß regelmäßig überprüft werden, vor allem die Nähte. Wenn irgendwelche Stellen Abnutzungserscheinungen zeigen, müssen sie sofort repariert werden.

Niemals auf hartem, unebenem oder sehr matschigem Boden springen.

Das Pferd beim Springen immer mit schützenden Gamaschen ausrüsten.

Beim Springen im Freien Stollen verwenden.

Als Übungssprünge stabil gebaute Hindernisse verwenden, keine klapprigen Holzgestelle und keine rostigen Ölfässer.

Keine festen Hindernisse aufstellen, sondern nur solche, bei denen die Stangen herunterfallen, wenn das Pferd dagegenstößt.

Wenn man Stangen als seitliche Begrenzung verwendet, legt man sie in Auflagen an den Ständern, nicht auf die oberste Stange des Hindernisses.

## DREIFACHE KOMBINATIONEN

Außer in Wettbewerben für sehr unerfahrene Pferde oder Ponys wird man sich bald vor die Aufgabe gestellt sehen, neben zweifachen auch unkomplizierte dreifache Kombinationen springen zu müssen.
Eine dreifache Kombination kann aus drei Steilsprüngen oder aus drei Oxern bestehen. Häufiger ist allerdings eine Mischung dieser beiden Hindernisarten. Das einfachste Hindernis für den Beginn einer Kombination ist ein normaler Oxer, der vorne niedriger ist als hinten. Dieser Sprung ist einladend und sollte eigentlich dafür sorgen, daß das Pferd mit guter Bascule springt und nicht zu steil landet. Ein Steilsprung als Anfangssprung ist die schwierigste Variante, weil das Pferd eventuell davor zurückschreckt oder so steil aufkommt, daß die Abmessung zum nächsten Hindernis plötzlich zu weit ist. So etwas ist in einer zweifachen Kombination schon schwierig genug, aber in einer dreifachen beeinflußt ein Fehler am ersten Hindernis eben auch den Verlauf des Springens bei den beiden weiteren Hindernissen.
Beim Üben zu Hause sollte man sich die Sache nicht zu schwierig machen. Als Abmessungen benutzt man diejenigen, die auf Seite 73 für unkomplizierte zweifache Kombinationen beschrieben sind. Anfangs läßt man zwischen den Hindernissen Platz für zwei Galoppsprünge, so daß Reiter und Pferd mehr Zeit haben, sich zu sortieren, falls sie einen Fehler machen. Dann verringert man eine der Abmessungen auf einen Galoppsprung. Wenn Pferd und Reiter noch unerfahren sind, ist die folgende Kombination empfehlenswert: Auf einen

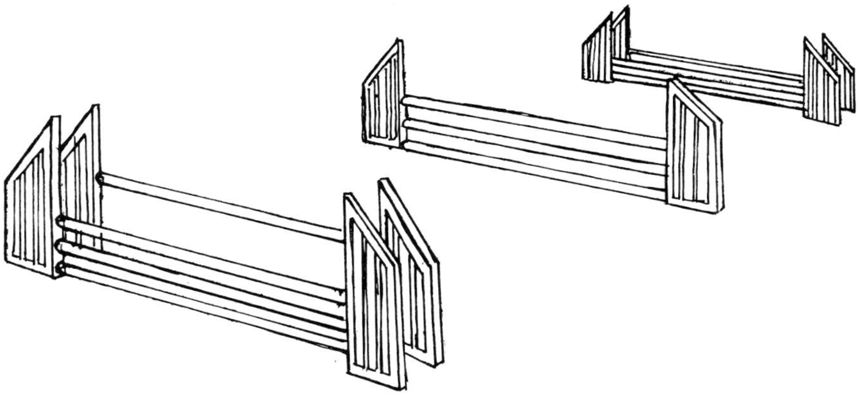

*Eine dreifache Kombination aus einem normalen Oxer, einem Steilsprung und einem Karree-Oxer – die einfachste Kombination für Einsteiger.*

normalen Oxer folgt ein Galoppsprung, dann kommt ein Steilsprung. Anschließend ist Platz für zwei Galoppsprünge, und schließlich ist ein Karree-Oxer zu überwinden. Zum Üben sollte man zunächst niedrige Hindernisse verwenden.

## DISTANZEN

Abstände von drei bis sechs Galoppsprüngen zwischen zwei Hindernissen, die nicht in einer Kombination stehen, bezeichnet man als Distanzen, während man die Abstände in Kombinationen als Abmessungen bezeichnet. Die Distanzen haben besondere Bedeutung, denn die Springmanier am ersten Hindernis und die Stelle der Landung haben direkten Einfluß auf das Anreiten des nächsten Hindernisses. Wenn zwischen zwei Hindernissen mehr als sechs Galoppsprünge liegen, hat der Reiter meistens genügend Zeit und Platz, um sich beim Heranreiten auf das zweite Hindernis einzustellen.

Bei der Parcoursbegehung mißt man immer auch die Distanzen ab. Bei Hallenspringen findet man wegen des begrenzten Platzangebotes übrigens mehr Distanzen vor. Das Ziel sollte darin liegen, diejenige Anzahl von Galoppsprüngen zu reiten, die sich die Parcoursbauer vorgestellt haben. Gleichzeitig muß man aber darauf vorbereitet sein, Anpassungen vorzunehmen, falls das Pferd einen außergewöhnlich langen oder kurzen Galoppsprung hat oder falls es am ersten Hindernis zu kurz oder zu weit gesprungen ist.

Es kann hilfreich sein, anderen Reitern beim Absolvieren des Parcours zuzusehen, aber man muß immer daran denken, daß nur der jeweilige Reiter selbst das beste Reitkonzept für sein Pferd wählen kann.

Wenn man beim ersten Hindernis tatsächlich einen Fehler macht, wird man eine oder mehrere halbe Paraden geben müssen, um sofort nach der Landung den Schub des Pferdes wieder aufzubauen. Dies ist nötig, um vom Pferd je nach Notwendigkeit ein Verlängern oder Verkürzen der Galoppsprünge fordern zu können. Diese Veränderungen muß man so bald wie möglich nach der Landung vornehmen und nicht erst kurz vor dem Absprung für das nächste Hindernis.

Beim Üben von Distanzen zu Hause kann man sich an den folgenden Entfernungen orientieren:

- drei Galoppsprünge: 14 bis 15 Meter
- vier Galoppsprünge: 17,5 bis 18,5 Meter
- fünf Galoppsprünge: 21 bis 22 Meter
- sechs Galoppsprünge: 24,5 bis 25,5 Meter

## WASSERGRÄBEN

Den meisten Pferden kommen Gräben ebenso wie Wasser von Natur aus verdächtig vor, aber nachdem ein Springpferd beides irgendwann anpacken muß, ist es sinnvoll, mit der Vorbereitung darauf früh zu beginnen. Wenn das Pferd schon an Jagden teilgenommen hat oder anderweitig im Gelände gearbeitet worden ist, wird ihm der Anblick von Wasser und von Gräben weniger ausmachen, als wenn es bisher immer nur über bunte Stangen gesprungen ist. Beim Ausreiten sollte man die Gelegenheit nutzen und es durchaus einige Male über einen kleinen Graben springen lassen, falls man einen geeigneten Graben mit ungefährlichen Absprung- und Landestellen findet.

Im Idealfall hat man verschiedene normale und überbaute Gräben zur Verfügung, an denen man üben kann. Wenn dies nicht der Fall ist, ist es auch nicht allzu schwierig, sich zu Hause wenigstens einen Wassergraben zu bauen. Er braucht nicht tiefer als zehn Zentimeter und nicht breiter als einen oder eineinhalb Meter zu sein. Das Becken selbst kann man aus Beton anfertigen, den man blau anstreicht, so daß das Ganze den Wassergräben auf dem Turnier ähnelt. Die größte Schwierigkeit liegt darin, das Becken ganz waagrecht hinzubekommen, so daß das Wasser nicht abfließen kann.

Man kann den Wassergraben in eine Springreihe aus verschiedenen niedrigen Hindernissen integrieren und ihn dabei

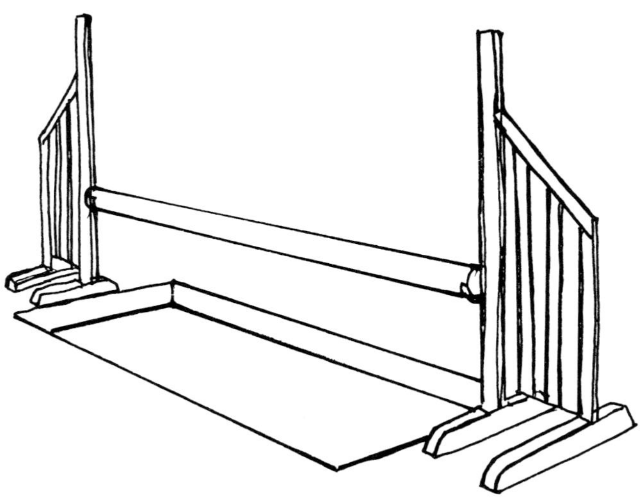

*Ein Wassergraben, der mit einem niedrigen Steilsprung überbaut ist.*

*Ein trockener Graben, der mit einem niedrigen Steilsprung überbaut ist.*

anfangs mit einer Stange überbauen. Mit Fängen und Begrenzungsstangen macht man ihn für das Pferd so einladend wie möglich. Wenn man ein Pferd reitet, das noch keine nähere Bekanntschaft mit Wasser gemacht hat, erlaubt man ihm, sich das Ganze anzusehen, bevor man den ersten Sprung von ihm verlangt. Außerdem sollte man anfangs ein erfahreneres Pferd als Führpferd vorausspringen lassen. Während des Anreitens muß sich das Pferd im Gleichgewicht und voller Schwung bewegen. Man sollte auch darauf vorbereitet sein, daß es zunächst zögert und dann einen sehr uneleganten Satz über das Hindernis macht.

Es ist empfehlenswert, sich auch einen trockenen Graben auszuheben. Als Seitenbefestigung kann man alte Eisenbahnschwellen senkrecht in den Boden stecken. Auch diesen Graben kann man in eine Springreihe aus Steilsprüngen, normalen Oxern und Karree-Oxern integrieren.

Wenn man auf dem heimischen Spring-

*Ein überbauter Wassergraben mit einer angeschrägten Bürste davor und einer Stange über dem Graben. Die schräg aufgestellten Fänge helfen, das Pferd auf den Sprung zuzuleiten.*

platz über Gräben und Wassersprünge verfügt, hat dies den Vorteil, daß man sein Pferd bei jeder Springstunde einen Hüpfer darüber machen lassen kann. Die meisten Pferde überwinden ihre Scheu schließlich und springen nach einiger Zeit einen überbauten Wassergraben genauso selbstverständlich wie jedes andere Hindernis ohne Wassergraben darunter.
Einen einfachen Wassergraben kann man auch als Einführung in das Springen breiterer überbauter Wassergräben verwenden. Dazu stellt man einfach eine angeschrägte Bürste oder Planke von ungefähr 60 Zentimetern Höhe vor den Graben und legt über dem Graben eine etwas höhere Stange auf – schon hat man einen kleinen überbauten Wassergraben.
Wenn man einen breiteren Wassergraben zum Überbauen zur Verfügung hat oder sich zu Hause einen bauen kann, ist das natürlich eine gute Sache. Eine Breite von ungefähr zweieinhalb Metern genügt, weil man den Graben jederzeit breiter machen kann, indem man das Hindernis an der Absprungseite weiter zurücksetzt. Man muß unbedingt darauf achten, daß die Landeseite ungefährlich ist. Sie sollte ein leichtes Gefälle haben und mit einer Gummimatte abgedeckt werden, so daß keine übermäßige Stoßbelastung auf die Pferdebeine kommt, falls es zu kurz gesprungen ist. Genau wie bei den anderen Gräben macht man das Hindernis einladend, indem man auf beiden Seiten schräge Fänge aufstellt und über dem Wasser eine Stange auflegt, so daß das Pferd nicht nur weit, sondern auch hoch springt.
Um einen breiten überbauten Wassergraben zu überwinden, braucht das Pferd etwas mehr Tempo als sonst – aber das ist kein Grund, im Renngalopp anzureiten. Wenn das Pferd die Galoppsprünge zu stark verlängert, wird es nämlich zu flach springen. Auch für weite Sprünge ist aber eine gewisse Sprunghöhe erforderlich. Man konzentriert sich darauf, das Pferd im Gleichgewicht und voller Schwung zu reiten und es dazu zu bringen, daß es so nahe wie möglich an der geneigten Bürste oder Planke abspringt. Auf dem Turnier gibt es keine Strafpunkte, wenn es diese Absprungbegrenzungen umwirft, solange es

## Woran man immer denken sollte

- Man muß daran denken, daß das Springen für Pferde und Ponys keine natürliche Bewegung ist.
- Deshalb darf man nicht erwarten, daß ein Pferd auf Anhieb perfekt springt.
- Wenn das Pferd gut springt, muß man es dafür loben – immer und immer wieder.
- Man darf nie dem Pferd gegenüber die Geduld verlieren – Ursache für die meisten Probleme sind Reiterfehler.
- Man sollte stets daran denken, daß Reiten immer gefährlich sein kann, und daher sinnvolle Sicherheitsvorkehrungen treffen.
- Übermäßige Eile ist sinnlos – zuerst müssen die Grundlagen stimmen.
- Egal, ob Gewinner oder Verlierer – auf dem Turnier ist sportliches und faires Verhalten gefragt.
- Man darf nicht vergessen, daß Pferde und Ponys keine Maschinen sind – auch sie brauchen ihren freien Tag.
- Und schließlich: Es ist gut, wenn man sich einen Sinn für Humor bewahrt und sich auf dem Turnier einen schönen Tag macht. Springreiten soll auch in Prüfungen Spaß machen!

nicht das Wasser oder die eigentlichen Begrenzungen des Wassergrabens berührt. Das Weiterreiten nach dem Sprung über einen Wassergraben ist ebenso wichtig wie das Anreiten. Parcoursbauer lassen auf den Graben gerne einen Steilsprung folgen, der nur dann erfolgreich überwunden werden kann, wenn das Pferd gut im Gleichgewicht ist und schnell zu einem rhythmischen Galopp zurückfindet.

## SPRINGEN GEGEN DIE UHR

Im Stechen kann man auf verschiedene Arten Zeit sparen. Für das Pferd ist es am kräfteschonendsten, wenn man enge Wendungen reitet. Hier ist all die dressurmäßige Arbeit hilfreich, bei der man Gehorsam, Gleichgewicht und Schwung des Pferdes entwickelt hat. Wo der Parcours es zuläßt, kann man auch dadurch Zeit sparen, daß man zwischen zwei Hindernissen ein schnelleres Tempo reitet. Hier kommt die Fähigkeit des Pferdes ins Spiel, seine Galoppsprünge zu verlängern, ohne dabei aus dem Gleichgewicht zu geraten. Unerfahrene Pferde sollte man aber nie im Renntempo durch Stechen treiben. Man bringt ihnen dadurch nur bei, flach zu werden, ihren Schwung zu verlieren, Fehler zu machen und schließlich Angst zu bekommen.

Wenn die Hindernisse im Parcours nicht allzu hoch sind, kann man manchmal wertvolle Sekunden einsparen, indem man die eine oder andere Hürde schräg springt. Um das zu üben, baut man sich zu Hause einen kleinen Karree-Oxer mit Absprunghilfe auf, den man anfangs im Trab und noch nicht allzu schräg anreitet. Danach übt man im Galopp auf beiden Händen weiter und vergrößert den Winkel etwas. Man darf das schräge Anreiten aber nicht übertreiben – sonst könnte man das Pferd dazu ermuntern, am Sprung vorbeizulaufen.

Ein gut ausgebildetes Pferd kann außerdem über dem Hindernis in der Luft einen Galoppwechsel ausführen. Auch das ist eine Methode, um sich schon beim Landen in die erwünschte Richtung zu orientieren. Den Galoppwechsel kann man in der Luft einleiten, indem man auf der jeweiligen Seite mehr Gewicht auf den Steigbügel verlagert. Mit der Hand leitet man die Wendung dadurch ein, daß man sie vom Widerrist wegführt. Dadurch wird das Pferd in diese Richtung gestellt.

# Adressen

## Deutschland:

Deutsche Reiterliche Vereinigung
Freiherr-von-Langen-Straße 13
D – 48231 Warendorf
Telefon: 02581/63620

## Österreich:

Bundesfachverband für Reiten
und Fahren
Geiselbergstraße 26-32/512
A – 1110 Wien
Telefon: 01/7499261

## Schweiz:

Schweizer Verband für Pferdesport
Blankweg 70, Postfach
CH – 3072 Ostermundigen
Telefon: 031/9315624

# Sachregister

Die Seitenzahlen in *Kursivschrift* weisen auf Abbildungen hin.